本当のかしこさとは何か

―感情知性（EI）を育む心理学

監修　日本心理学会　編者　箱田裕司・遠藤利彦

SHINRIGAKU SOSHO

日本心理学会

心理学叢書

誠信書房

心理学叢書刊行にあたって

日本心理学会では、２０１１年の公益社団法人化を契機として、講演会、シンポジウムなどの企画を充実させてきています。２０１２年度からは、企画全体を「社会のための心理学シリーズ」と「基礎心理学の展開シリーズ」と銘打って組織的に実施し、さらに「高校生のための心理学シリーズ」を加えました。また、２０１３年度には「心を科学する心理学シリーズ」を新たにはじめました。

こうした努力の結果、２０１３年度には、総計25回の講演会、シンポジウムを実施するに至っています。こうした講演会やシンポジウムは非常に充実したものでしたので、多くの方から、参加できなかった方々にもその内容を伝えるために書物として残せないものか、といった声が寄せられました。

そうした声に応え、この度、心理学叢書として継続的に上梓することになりました。編者や執筆者の方々はもちろんのこと、講演会やシンポジウムの企画・運営にお骨折り頂いた教育研究委員会、とりわけ、講演・出版等企画小委員会の皆様に大いに感謝するところです。

心理学叢書の刊行に大いにご期待ください。

２０１５年１月吉日

公益社団法人日本心理学会
理事長　佐藤隆夫

編者はじめに

この本が生まれるには、いくつかの幸運の重なりがあります。まずそのことから話すことにします。

以前から親しくしていただいている、G・マシュース氏が最近、感情知性（emotional intelligence：以下ＥＩ）に関心をもち、本を書いているという話をたまたま本人から聞いたのが、ＥＩに関心を抱いたきっかけでした。２００７年10月から日本学術振興会の外国人招へいプログラムに申請し、運よくマシュース氏を招へいすることができ、各方面の協力を得て、関東、関西、そして九州で講演会を開催しました。氏の話を詳しく聞くにつれて、ＥＩに強い関心をもつことになりました。

翌年の２００８年ベルリンで開催された国際心理学会に出席したところ、ＥＩに関するシンポジウムや個別発表が数件なされていました。しかし、日本人によるものはほとんどなく、本書に寄稿されている奈良教育大学の豊田弘司氏の発表だけだったように思います。

いよいよＥＩ研究に直接、関与することになったのは、科学技術振興機構の社会技術研究開発（ＲＩＳＴＥＸ）事業のプロジェクト「犯罪からの子どもの安全」に、教育現場においてＥＩを高める試みともいえるＳＥＬを実施していた福岡教育大学の小泉令三氏とともに応募してからです。運よく提案が採択され、企画調査、本調査（代表者は小泉氏）へと順調に進み、いくつかの面白い発見をすることができ、ますます関心を深めていきました。

そして、東京大学の遠藤利彦氏もＥＩに関心をもっていることを知り、二人で相談し、日本心理学会の公開シンポジウムの企画として，「頭の良さについて考える：ＩＱとＥＩ」をテーマとして提案することになりました。公開シンポジウムは２０１０年10月16日に東京の科学技術館サイエンスホール，12月４日に鹿児島大学稲盛会館で開催し，数多くの参加者を得ました。

本書の寄稿者はこのシンポジウムの話題提供者を中心に組むことになりました。さらに，このシンポジウムではカバーしきれなかったテーマについて，新たに寄稿を他の専門家にお願いした結果，本書の執筆陣が整うことになりました。本書は，感情知性という概念の成立の歴史や定義に始まって，測定方法，さまざまなフィールドでの感情知性を育む試み，非行との関係，ＥＩと脳活動，ＥＩ研究の問題点など多岐にわたり，ＥＩについて，さまざまな立場から論じています。ＥＩの訳語は原則的に「感情知性」としていますが，７章では「こころ」という問題を中心に論を進めているので，つながりの上で「こころの知能」とせざるを得ませんでした。ご理解いただければありがたいです。

本書の原稿が揃うまで，予想以上に時間がかかりました。これはひとえに編者の責任です。早くから原稿を書いていただいた執筆者の方々，辛抱強く待っていただいた誠信書房と日本心理学会事務局の方々に，お詫びとお礼を申し上げます。

２０１４年12月

編者を代表して

箱　田　裕　司

目　次：本当のかしこさとは何か――感情知性（ＥＩ）を育む心理学

第4章　感情知性（EI）を育む児童自立支援施設の試み　60

第8章 感情知性（EI）の測定はどこまで客観的か

第1章　こころの不思議——感情知性（ＥＩ）とは何か

1　はじめに

心理学の歴史のなかで、人の感情に目を向けるようになったのは比較的最近のことです。ようやく、かつて非合理性の象徴とされた感情に、さまざまな機能性や法則性が潜んでいることが明らかにされつつあります。それに伴い、従来はもっぱら対立的構図で捉えられてきた「感情」と「理性」の関係性についても、抜本的に見直す必要性が声高に叫ばれるようになりました。その「感情」と「理性」の両方にまたがり、また両者を不可分につなぎ合わせるものとして注目されているのが、いわゆる感情知性（emotional intelligence：以下ＥＩ）という概念です。その研究や応用は現在、ある意味「狂騒的状況」ともいえるほどに、多様な形で展開されています。しかし、そうした状況にありながら、ＥＩが本当は何を意味するのか、あるいは、本来どのようなものとしてあるべきかということに関して、十分に議論が尽くされているとはいえません。本章の目的は、ＥＩという発想が、歴史のなかで、どのように出てきたかを概観した上で、ＥＩ概念に関わるさまざまな議論を整理してみます。さらに、ＥＩという術語において厳密に問われるべきものは何かを筆者なりに示し、ＥＩ研究が今後、どのような方向に向かっていく必要があるかについて、その課題を明らかにします。

2　EI概念の源を探る

今から遡ることおよそ２４００年前、古代ギリシャの哲学者プラトンは、人の魂が理性（reason）と熱情（passion）という全く性質の異なる2頭の馬車馬によって引かれる様を思い描いていました[13]。彼の考えのなかでは、理性は魂を正しき方向へと導く「賢い馬」であり、他方、熱情は魂を悪しき方向へと導く「暴れ馬」でした。この賢い馬と暴れ馬は時に「主人」と「奴隷」にもたとえられ、まさに奴隷たる「熱情」は主人たる「理性」にもっぱら付き従うべきものとされました。そして、その主従関係がしっかりと維持されているときこそが、人の心が最も崇高・安穏なものとしてあり、また最大限に合理性と機能性とを発揮できる状態と把握されていたのです。こうしたプラトン思想における「理性」と「熱情」の対立的構図は、その後、ストア哲学、さらにはキリスト教神学へと引き継がれ、長く、西欧哲学の通奏低音をなすことになります[43]。

しかし、そうした流れのなかにあって、プラトンの弟子であるアリストテレスは、「熱情」、すなわち今でいう感情に関して、師とはいくらか異なった考えをもっていたようです。たとえば、プラトンやストア哲学では悪しき感情の典型とされた怒りに関して、アリストテレスは、それ自体を悪いものと見なすことをしませんでした。むしろ、彼は、怒りをはじめとする種々の感情が、しかるべき時機に、しかるべき対象に対して、しかるべき方法や強度をもって発動されるのであれば、それは、人の日常にきわめて適応的な意味をもつことを説いていたのです[1][2]。彼は、生活のなかで人が幸福を手にするには、知識・思慮・技術といった理性的な徳だけでは足りず、場合によってはそれ以上に、それとは別種の、人の感情に由来する徳が必要であるとし、さらには、それが中庸（ほどほど）であることが大切であると考えていました。こうしたアリストテレスの発想は、たとえネガティヴな感情であっても、それが過度にならず適切な範囲内で経験されることの有効性を、さらにいえば、そうした適切さがうまく実現されるように人が賢く振る舞うことの必要性を主張するものでした。その意味から、現代のＥＩ概念を少なくとも一部、先取りしたものといえるでしょう。

　実のところ、心理学やその周辺諸科学の歴史のなかでも、これに類する考えは、比較的初期の段階から、たとえば実践的な知恵や社会的な知能という形で、デューイ[11]やソーンダイク[47]などによって、その重要性が認識されていました。たとえばデューイは、人の道徳的な動機や振る舞いが、社会的状況を正確に理解し、また的確に制御できる力としてある社会的知能から発するとし、それを学校教育のカリキュラムのなかでどのように育むことができるかということに関心をもっていました。ソーンダイクもまた、他者を理解し、自身を管理し、あらゆる人間関係において賢明に行動するための能力を社会的知能とし、それが抽象的な知能とは明確に区別されるべきであると主張していました。

　さらに、一見、それこそ「理性」や「知性」の重要性をもっぱら強調してきたかに見えるＩＱ論者[*1]も、たとえばＩＱ概念の黎明期に活躍したアルフレッド・ビネーのように、人の心理社会的適応性や幸福状態などが純粋に知的能力だけでは定まらないことを認識し、ＩＱには含まれない、今でいうところのＥＩ的要素の適応的な働きを仮定していたといえるようです[24]。現代の代表的な知能論者であるガードナー[15]も、従来、知能の範疇で捉えられてきた言語的能力、論理数学的能力、空間知覚的能力あるいは博物学的知能の他、広義には、音楽的能力や身体運動的能力も知性として把握されてしかるべきであることを唱えています。そのうえ、ＥＩ概念に深く関わると思われる対他的な能力（他者の感情や意図の理解能力）や対自的な能力（自己の心的状態の覚知および識

＊1　知覚・言語・記憶・論理推理・処理速度などの知的能力全般を指していう。通常は知能年齢を生活年齢で割って一〇〇をかけた数値で示す。

別の能力）も、人の心の全体的な賢さのきわめて重要な側面であることを主張しています。加えて、現代のもう一人の主要な知能論者スタンバーグ[44]もまた、人の知能を、自身および社会・文化の目標を達成するために環境に適応し、時に環境を選択し構成する力であると定義づけました。そして知能が、分析的能力、創造的能力、実践的能力という３種の相補的な能力からなり、このうちの実践的能力が（おそらくは多分にＥＩ的なものとして）特に自分と他者との社会的関係性のなかで重要な働きをする可能性について言及しています。

3　サロヴェイとメイヤーからゴールマンへ

今まで述べたような発想が、現代のＥＩ概念そのものと同類のものかどうかは措くとして、少なくともＥＩ概念につながる一つの素地をなしてきたことは確かであると考えられます。そして、こうした一連の発想の蓄積の上に、ＥＩ概念の理論的体系化を行い、「感情知性」という言葉を、その本のタイトルにうたうことで、心理学のなかに根づかせるきっかけを作ったのがサロヴェイとメイヤー[39]ということになります。彼らの理論的仮定が、現在の、少なくとも学術的な意味でのＥＩ研究を支える一本の支柱であり続けていることは誰もが認めるところでしょう。

サロヴェイとメイヤーは、ＥＩを、従来のＩＱの範疇では把握できない別種の「能力」（ability）であると仮定し、いわゆる４枝モデル（four branch model）として概念化してきています[29][39]。それは、ＥＩが、知覚・認知的に最も低次の水準から最も高次の水準に至るまで、順に階層をなして、

（1）感情の知覚・同定
（2）感情の促進および思考への同化

（3）　感情の理解や推論
（4）　自分や他者の感情の制御と管理

という4種の下位要素（4本の枝）から構成されるとするものです。もう少し詳しくお話ししましょう。

（1）の要素は、その時々の自身の感情の知覚・同定および、小説や映画などの登場人物も含めた他者の感情の知覚・同定を、その真偽も含めていかに的確になし得るかということと、自身の感情や感情的ニーズを他者に対していかに正確に表すことができるかということに関わる能力です。

（2）の要素は、さまざまな感情や気分を、自発的に自身のなかに誘発したり、想像したりすることによって、意思決定や問題解決あるいは創造性も含む自身の思考や行動にどのように活かすことができるかということに関わる能力です。

（3）の要素は、感情の法則性の理解、たとえば、一つの感情が他の感情とどのように関連するか、また複数の感情がどのように混じり合う可能性があるか、さらには感情がどのような原因から発し、またどのような結果をもたらすかといったことに関する理解・推論能力です。

（4）の要素は、正負両面の感情に対して防衛なく開かれた態度を有し、時と状況に応じて自身の感情をいかにうまく制御・調整できるか、また他者の感情をいかにその文脈に合わせて適切なものに導き、管理できるかといったことに関わる能力です。

そして、彼らはこれらの能力を、その鋭敏性や的確性あるいは迅速性などの観点から、ＩＱと同様に、客観的テストによって測定できるとし、それに適うものとしてＭＥＩＳ（the Multi-factor Emotional Intelligence Scale）やＭＳＣＥＩＴ（the Mayor-Salovey-Caruso Emotional Intelligence Test）[30]といった独自の測度を開発しています。

こうしたサロヴェイらの発想に触発されて、ＥＩ概念を平易に解き明かし、広く世に広めることになった立役者が、サイエンス・ジャーナリストのダニエル・ゴールマンということになります。現在、ＥＩを扱った書物は、欧米圏を中心におびただしい数に上っており、とりわけＥＩ概念の受容は、いわゆる「ＥＩ産業」なるものが成り立つほどに、ビジネスの世界で顕著であるといえますが、そのきっかけとなったのが彼のベストセラー『感情知性』（*Emotional intelligence: Why it can matter more than IQ*）[16]であることは間違いありません。ゴールマンは、ＥＩ概念とその応用可能性を巧みに論じ、（特に欧米圏を中心とした）ＥＩをめぐるある種、狂騒的ともいえる現在の状況を作り上げたのです。むろん、そこに、彼の筆致の妙が関わっていたことはいうまでもありませんが、うがった見方をすれば、彼の本が、たまたまタイミングよく、当時のアメリカの社会的思潮にうまく合致したという部分も少なからずあったのかもしれません。それというのは、『感情知性』が世に出る前年の１９９４年、アメリカ社会はもう１冊のベストセラー『ベル・カーブ』（*The bell curve: Intelligence and class structure in American life*）[21]に揺らいでいたからです。その本は、大規模な統計学的なデータに基づきながら、知的能力、すなわちＩＱの高低が経済的貧富を分ける主要因であり、社会的階層が、ＩＱに基づく同類交配（ＩＱ水準のほぼ等しい者同士の結婚や家族形成）によって成り立っている可能性が高いこと、そしてまたＩＱの遺伝的規定性が強いことを論じ、（その書ではＩＱが平均的に際立って低いとされる）貧困層の出産および人口増大を実質的に後押ししている福祉や社会的政策のあり方を抜本的に見直すべきだと主張したのです。その、ある意味で、遺伝的に運命づけられた知的エリートのみが社会的成功を手にできるのだとも受け取られかねない内容は、当然、さまざまな反響を呼び、物議を醸すことになったわけです。そこにほぼ真逆のベクトルをもって登場したのが、まさにゴールマンの書でした。

それは、真の社会的な成功や幸福がＩＱではなく、むしろＥＩによってもたらされること、そしてＥＩは遺伝よりも多分に教育や躾あるいは個人の意思によって後天的に獲得可能なものであることを強く印象づけることで、あらゆる人があらゆる可能性に開かれているのだという平等主義的感覚を再び社会のなかに呼び覚ましたのです。彼によれば、ＥＩの不足によって、すなわち自分や他人の感情を読み誤り、適切に自身の感情の管理や制御をし損なうことで、多くの場合、教育上の種々の達成も仕事におけるパフォーマンスや満足感なども低水準に止まることになり、また、その影響下で、少なからずさまざまな精神疾患や犯罪なども生み出されることになります。ですが、ＥＩは基本的にすべての人に習得・訓練可能なものであるため、たとえ現状でいかに社会的弱者だとしても、原理的にそこからの脱出は十分に実現可能なのだと彼は強く主張したのです。生まれつきのブック・スマート（認知的賢者）の優越性を説く『ベル・カーブ』と、叩き上げのストリート・スマート（実践的賢者）の適応性を説く『感情知性』とで、どちらがより人びとのハートを掴んだかはいうまでもありません。さらに、ゴールマンの主張は、人の十全な自己実現あるいは幸福感や自尊感情などの改善・増大を志向する、近年のいわゆるポジティヴ心理学の潮流とも合い、現在のＥＩブームが生み出されているのです。

4　EI概念の様変わり

先にも述べたように、サロヴェイらのＥＩ概念は、基本的にそれを能力の一種と見なすものでした。ところが、ゴールマンになると、ＥＩの概念規定は大きく様変わりすることになります。彼はＥＩのなかに広く、自己有能感、共感性、楽観性、道徳的性質、種々の社会的スキルなども含め、ＥＩを基本的に感情に関わる「能力」と「特性」（trait）との混合体と見なすに至ります。[16][17]「能力」が基本的にできるかできないかといった観点から判断される心の性質であるのに対し、「特性」は基本的に出来不出来ということではなく、どのような特徴や個性をもっているかという観点から判断される心の性質のことです。

すなわち、このことは、ＥＩが一部、パーソナリティや動機づけ的特性との接点を有することを意味しており、ゴールマンのこうした立場は、サロヴェイらの「能力モデル」に対して、（ＥＩを能力と特性が合わさったものと見なす）「混合モデル」(mixed model) と一般的には呼ばれます。サロヴェイらの理論では、ＥＩは、あくまでもさまざまな心について知識やスキルを獲得するための潜在的基盤、言い換えれば「学習を支えるもの」として仮定されていたのに対し、ゴールマンの考えでは、それが主に「学習によって獲得されたもの」（心に関する知識やスキルそのもの）に転じることになったのです。[49]

実のところ、ゴールマンのこうしたＥＩ概念は、特に学問的領域にあってＥＩ研究を手がける多くの研究者から、認知的な知能ではない一切合切のポジティヴな能力や特性をただリストアップしたに過ぎないとの批判を受けることになります。[25] そして、ゴールマンもこれを受けて、「感情の知覚」と「感情の制御」を、「自分向けの側面」と「他者向けの側面」に分けて考える（結果、ＥＩを自己知覚・自己制御・他者知覚・他者制御の四つのクラスターからなるとする）いわゆる〈２×２モデル〉を提示するに至るのですが、[18] そこにおいてもなお、そのＥＩ概念がいわば（特に職場でのリーダーシップや職業的達成などにおいて）「成功者としてあるための要件」といった色彩を少なからず留めていたことは否めません。

なお、ゴールマンと同様に、ＥＩに関して混合モデルをとる代表的な論者にバーオン[3]がいます。彼は、臨床心理士としての実践経験に基づきながら、ＥＩを、環境からもたらされる種々の要求や圧力にうまく対処するために必要となる非認知的な能力やスキルおよび特性の総体であると定義した上で、日常における感情的・社会的適応性を測るための自己報告式測度、ＥＱ-iを独自に開発しています。

また、一部には、質問紙法などの同じ方法論をもって「能力としてのＥＩ」と「特性としてのＥＩ」の両方を正当に測定することはそもそも原理的に無理であるとの判断から、ＥＩを純粋にパーソナリティの下位特性と見なし、特に感情的な適応性に深く関わる自己信頼感や自己主張性あるいは共感性といった視点から再概念化すべきだと主張する「特性モデル」(trait model) の立場もあるようです。[36]

このように、「能力モデル」「混合モデル」「特性モデル」と、ＥＩ概念を巡る理論的立場は混沌とした三つ巴の様相を呈しており、一つに収束していく気配をまだあまり見せていないというのが現状です。理論的吟味の精度という点からいえば、「能力モデル」が他よりもやや先んじているのかもしれませんが[49]、「混合モデル」や「特性モデル」に沿った自己報告式の測定ツールが、すでにさまざまな実践現場で多く使われてしまっているという現状があり、問題をさらに錯綜したものにしているようです。このようにＥＩを巡る現在の状況は、見た目には活況を呈しながら、その内実はきわめて混沌としており、その意味で、それを所詮あくまでも一時的な狂騒に過ぎないのだと冷ややかに見なす見方も俄然、説得力を帯びてくるでしょう。しかし、ただの一時の流行ということを超えて、ＥＩなる概念に、真に問い続けるに値するところはないのでしょうか。あるいは、それがどのように概念化された場合に、問うに値することになるのでしょうか。

5　ＥＩ概念を吟味する

能力としてのＥＩにせよ、特性としてのＥＩにせよ、それらの混合としてのＥＩにせよ、その測定を自ら手がけている研究者が報告するところでは、概して、ＥＩの測定結果は、現実的に、幸福感、ストレス対処、学業成績、職業的達成、市民性など、種々の心理社会的適応性をある程度は有意に予測するようです[25]。しかし、こうした結果は、そのままでは、それぞれの論者が仮定するＥＩが心理学的に真に注目に値するものであることの証左にはならないと考えられます。なぜなら、各種ＥＩ測度との関連が示された心理社会的適応性は、たいがい、ＩＱやパーソナリティなどのすでに確立されている心理学的概念によっても、かなりのところまで説明できるものだからです。したがって、慎重に問われなければならないことは、これらによって説明される部分（分散）を除いてしまったとき、そこにＥＩによって独自に説明される部分（分散）が果たして残るのか、つまり、ＥＩが固有の（分散）説明率を明確に有していると言えるのかということになるでしょう。

能力としてのＥＩに関していえば、サロヴェイやメイヤーらによるＭＥＩＳやＭＳＣＥＩＴの下位尺度とＩＱの下位尺度との間に、微弱な程度から中程度くらいまでの有意な相関がさまざまに認められることが知られています[4][37]。もっとも、サロヴェイらは、はじめから、こうした関連性があることを理論的に想定しています[29]。なぜならば、彼らの測度でも、その対象が感情に絡む諸現象ではあるにせよ、刺激を知覚・認知する際の一般的な敏感性や的確性などは当然、そこに関与し得ますし、また感情の理解というような側面に関しても、そもそも課題状況の把握なども含め、言語性の知性（結晶性知能）の介在は半ば不可避的であると考えられるからです。サロヴェイらは、むしろ、そうした相関が見出されたことを、彼らの想定するＥＩが知能の一種であることを示す一つの証左であると見なしている節があり、さらにその相関が概して高すぎるものではないことから、ＥＩがＩＱだけでは説明され得ない独自の知能を取り出しているとも考えているようです[49]。一方で、ＭＥＩＳやＭＳＣＥＩＴとビッグ・ファイヴ[*2]などのパーソナリティ尺度との相関は概して低いことが知られており[38]、このことは、そうしたＥＩ指標が、そもそもの理論的前提の通り、特性ではなく、あくまでも能力としてＥＩを取り出しているということの一つの証拠を提供しているともいえるのかもしれません[6][14]。

特性としてのＥＩに関しても、すでにビッグ・ファイヴをはじめとして、さまざまなパーソナリティ指標との関連性が検討されています。たとえば、（混合モデルの指標とはされていますが）実質、特性としてのＥＩを測定するためのツールであるバーオンのＥＱ-ｉに関しては、その下位尺度スコアとビッグ・ファイヴの各特性との間にさまざまに有意な相関が見出されることが数多くの研究によって報告されています[20]。もちろん、特性として仮定されている以上、同じく特性としてあるパーソナリティと一定の関連性を有することは半ば自明のことといえるわけです。

しかし、そこで問題になるのは、その相関があまりにも高すぎるということです。ＥＱ-ｉとパーソナリティ指標との相関は、特に（ネガティヴ感情に密接に関連する）情緒的不安定性や（ポジティヴ感情に密接に関連する）

外向性の次元などを中心に、時に0.8にも達するような不自然に高い値を示す場合が、かなり頻繁に認められることが知られています[20]。すなわち、そうなると、そもそも両者にはほとんど概念的独立性が成り立っていないことになり、結局のところ、EQ-iに従来のパーソナリティ測度にはない独自性を仮定してみること自体、実質的に非現実的であるということになってしまうのです[10]。

すでに能力としてのEIと特性としてのEIとの関連性の希薄さについても検証が進んでおり、今やそれらは、概念的に明らかに異種のものであるという認識が一般的になってきているといえます[36]。それらの関連性の低さは、同じ構成概念に異なる測定法をもってアプローチしたがゆえに発生した測定誤差とは到底考えられないものであり、基本的に、両者の差異は、単に測定法の違いではなく、そもそも目当てとする概念そのものの決定的な違いから来ているのでしょう。おそらく、ここまでのことから、能力としてのEIと特性としてのEIは、少なくとも同じEIとしては並び立たないという結論が導かれます。上述したように、これまでのさまざまな研究知見からすれば、少なくとも概念の独自性という意味では、能力としてのEIにいささか分があるのだと考えられます。元来、知能が人の最も基礎的な能力として概念規定され、そしてサロヴェイらによってEIが、特に感情に特異的に関わる知能と定義されていることからすれば、EIは能力として追究されるのが本筋で、そうされてこそ初めて意味をなすというところが大きいのかもしれません。

EI概念を巡る研究の現況を、巧みにも未知の大陸を探し求めることにたとえる人たちもいます[49]。それに従えば、能力としてのEIと特性としてのEIという二つのアプローチは、心の概念地図の別々のところに、それぞれの大陸を見出そうとしていたのでしょう。しかし、特性としてのEIに関しては、パーソナリティという大陸のなかですでに別名をもって呼ばれていた可能性が相対的に高いのです。それに対して、能力としての

＊2　人の性格を①経験への開放性、②勤勉性、③外向性、④協調性、⑤情緒不安定性、の5次元から把握しようとする考え方。

ＥＩに関しては、未知なる大陸そのものではありませんが、知能という大陸の上で、その大小は別にして、未知なる土地が現実的に探し当てられつつあるといえるのかもしれません。

6　感情的特性に目を向ける必要性

ここまでは、一見、特性としてのＥＩおよびその測定に対して、異議申し立てをするようなものに思われたかもしれません。しかしながら、筆者が疑いを抱いたのは、あくまでも特性としてのＥＩなるものをＥＩ（感情的な知能）と捉えることに対してであり、それゆえに能力としてのＥＩと特性としてのＥＩは同じくＥＩとしては並び立たないとしたまでです。むろん、別種のものであっても、それぞれに理論的な面白さや実践的応用可能性があるのだとすれば、両者ともに活かしていくという道筋も考えられるでしょう。

たとえば、マシューズらの立場は、比較的それに近いのかもしれません[27]。彼らは、それまでのＥＩ研究を網羅的かつ精緻に吟味した上で、そもそもＥＩを一つの明瞭な定義づけに適う単一の個人的特質として概念化することには無理があると結論しました。その上で、それよりは、それを広く、人のさまざまな感情的側面の機能性（affective functioning）の個人差に関わる全要素の総称、あるいはそうしたものを扱う領域（field）全般の呼称として把捉しておいた方が適切ではないかといっています。そして、彼らは、従来問題にされてきた特性としてのＥＩと能力としてのＥＩのなかから、特に人の感情的側面の個人差に関わる、独立した四つの構成概念として、気質（感情的特性）、感情的な情報処理、感情制御、文脈に結びついた感情的知識やスキルを仮定しました。それら異種要素が奏でるシンフォニー（調和性）が、感情的側面に現れる種々の適応性に深く関わるのだと主張するのです。気質はもちろん、一部、感情制御なども、概念的な意味で、種々のパーソナリティ次元と深く関係するわけですが、それが感情的な機能性や適応性に密接に絡むものである限り、それらを、他の能力的要素とともに、ＥＩという一つの領域のなかで問題にしていくことには、理論・実践両方の意味で、一定の価値があるということです。

実のところ、こうしたマシューズらの発想は、ＥＩを問題にするときに、能力としてのＥＩだけに焦点化しても、さして意味をもたないということを含意しているともいえます。確かに、能力としてのＥＩの方が、相対的に高い概念的妥当性を備えている可能性について論じたわけですが、個々人における感情の機能性や感情面での適応性を考える場合に、単に能力としてＥＩだけを問題にしても実質的にあまり意味がないと、筆者は考えます。なぜならば、私たちは、一人一人、そのベースラインとしての感情の経験や表出において固有の個性をもっているためです。それが考慮されることなく、ただ、能力としてのＥＩとして、たとえば感情を理解する力、感情を制御する力、感情を活かす力といった側面の個人差だけが問題にされても、人の種々の心理社会的適応性は決して十分に説明されることはない、という認識を筆者は有しています。ＥＩは本来、たとえば、元来、怒りやすい、落ち込みやすい、明るいといったさまざまな感情的特性とセットで、それぞれのあるべき形を問われる必要があるといえます。

ゴールマンやバーオンなどの混合モデルで、特性としてのＥＩとされてきたものの中核に、正負両方の感情に関わる気質やパーソナリティがあることは、先にもふれた通り、すでに多くの研究者が指摘するところです。そして、繰り返しになりますが、それは本来、ＥＩ（感情的な知能）として概念化されることに必ずしもそぐわないものです。むしろ、それは、より直接的に感情的特性（emotional trait）と呼ばれるべきものです。私たちは元来、事象や刺激に対してどれだけ敏感に反応し、感情的に賦活されやすいか（emotional sensitivity）[5]、またネガティヴな感情がどれだけ経験されやすいか（emotionality）[12]、あるいはまた共感性なども含めたポジティヴな感情がどれだけ発動されやすいか（emotionateness）[46]といったところに、広範な個人差を有していると考えられます。

なぜ、こうした個人差に注意を向けなくてはならないのかは、半ば当然のことといえます。仮に２人の人が、結果的に、ほぼ同質の感情的反応を見せたとしても、その背後で生じている心理的プロセスは必ずしも同様のものとは仮定できないからです。（能力としての）ＥＩの中核的要素たる感情制御を例にとって考えるならば、２人の人間が同じように脅威的な刺激に接し、同じようにそれに動じない反応を見せたとしても、それぞれが、そこに働かせている制御はきわめて異種のものである可能性も否めません。元来、脅威刺激に対して感情的敏感性が高く、容易に恐れの感情を経験しやすい個人は、いわゆる再評価（reappraisal）、すなわちその刺激に対する評価を変える試みから始まり、自身の恐れの表出を意識的に抑制する試みに至るまで、さまざまな制御をそこで働かせなくてはならないかもしれません。一方で、元来、脅威刺激に対する感情的反応の閾値が高く、容易には恐れの感情を経験しない個人は、さしてそこで制御を働かせる必要はないのでしょう（たとえば、深い峡谷にかかる長い吊り橋をどうしても渡っていかなくてはならない状況で、前者のような人間と後者のような人間とでは、自身の感情を落ち着かせるために必要となることが、土台、違っているのです）。それどころか、仮に、その個人がいわゆる感覚追求（sensation-seeking）パーソナリティ傾向[50]が強いような個人であれば、脅威やリスクに対して時に、それこそワクワクする愉悦のような感情を経験してしまうこともあり得ます。その場合、適応（たとえば事故などの回避）のために働かせる必要のある制御は、恐れの制御ではなく、むしろ、そうしたポジティヴ感情の抑制ということも考えられます（さらなるスリリングさを求めて吊り橋を激しく揺らしたり、走って渡ったりしないようにするための感情制御が必要となるかもしれません）。

私たち自身が経験し、また他者に見る一連の感情反応は、瞬時に生起し、また素早く終結するものであるため、一般的に、どの段階で感情が終わり、どの段階から制御が始まるのかを峻別することは困難である場合が多いのです[9]。そのため、私たちは実際に生じた一連の感情反応全体の結果だけから、ある意味、一次元的に、ただ感情が制御されているかいないかを、あるいは感情を制御できる人かそうでないかを安易に判じがちなのかもしれません。しかし、微視的に見れば、そこには、感情そのものの個人差と感情制御の個人差という、異種独立した二つの要素が介在しており、本来、感情に絡む社会的適応性は、一次元性のものとしてではなく、少なくとも二次元的なものとして把捉される必要があるはずなのです。[23] そして、現に、その二次元の独立性は、多くの論者が強調するところです。一般的に、ネガティヴな感情的特性や感情的敏感性に関しては、かなり強く生得的・遺伝的要因が関与していることが想定されており、それはあまり環境のなかでの経験に左右されず、生涯を通して変化を被りにくいものと考えられています。[45] 一方で、感情制御に関わるコンピテンスは、アタッチメントをはじめ、特に養育者などとの社会的相互作用の質によって強い影響を受けることが想定され、[33] 生涯を通してかなりのところ変化可能なものと把捉されています。[22]

7　EIの個別相対性

これまでに述べたことは、いってみれば、能力としてのＥＩが、個々人の感情的特性に応じて、本来、個別相対的なものとして問われなくてはならないということです。能力モデルということからすれば、半ば当然のことなのかもしれませんが、従来、能力としてのＥＩは、ＩＱと同様に、"The more, the better"（それがあればあるほど優れている）の基準をもって評価されることが一般的であったといえます。[41] 自他の感情の知覚・理解にしても、感情の制御や抑制にしても、それができればできるほど望ましいと暗黙裡に把捉されてきたのです。しかし、私たち一人一人が、元来、それぞれ異なる感情のベースラインを有しているとすれば、あるべきＥＩも、そのベースラインとの絡みで、大きく変じ得るものとしてあるのではないでしょうか。その意味で、私たち一人一人がいかに適応的であるかは、基本的に、個々の感情のベースラインに適った、それぞれのＥＩの形を具現できているかいないかという視点から判断されなくてはならないものです。

前の節では、感情制御を例にとって、すべての個人で、その高さが必ずしも適応には通じないという可能性について言及しましたが、こうしたことは、感情制御以外のＥＩの側面に関しても、ある程度当てはまるのかもしれません。たとえば、もともと、ＥＩ概念として問題にされていることではありませんが、近年、いわゆる「心の理論」に関して、その豊かさが必ずしも社会的適応性の高さにつながらないという認識がかなり一般化してきています。「心の理論」とは、心の性質や働きに関する素朴な知識の体系を指すわけですが、当然のことながら、感情に関わる知識も含まれます。また、現に発達研究においては、「心の理論」が、感情的コンピテンスやＥＩを支える要素として重視されてきたという歴史的経緯もあります[40]。しかし、最近明らかになりつつあることは、感情全般に関する知識や、他者の感情を的確に理解し読み取れるという能力を豊かにもっていることが、社会的適応性に結びつくには、多くの場合、そこに共感性という感情そのものが介在する必要があるということです。これまで見てきたように、感情知識も感情理解も現今のＥＩ概念の柱とされているものですが、それらに、共感しやすい感情的特性[46]が伴わない場合には、逆に、他者に対する欺瞞的行為や搾取的行為、あるいは反社会的人格障害傾向などが生じてしまう可能性もあるらしいのです[19]。そこには、他人の感情の動きが冷ややかに読み取れれば取れるほど、また自身の感情の表出を巧みに調整できればできるほど、実は他人を徹底的に苦しめ痛めつけることもできるのだという逆説が成り立ちます。このことが示唆するのは、共感性などのポジティヴな感情的特性が相対的に低い場合においては、単に感情的知識や感情理解の高さということに止まらない別種のＥＩの形が、社会的適応との関連において必要になる可能性があるということです。ここでもまた、個々人が固有にもつ感情のベースラインに着目することが不可欠であることがわかるでしょう。

さらに、これに関連して、共感性（empathy）や同情（sympathy）などの感情に関しては、発達の早期段階から、かなり幅広い個人差があることが知られています[48]。しかし、一般的に向社会的な判断や行動が求められる状況では、こうした感情的特性を元来強くもっている個人は、いわばその個人内のリソースにそのまま従って振る舞うことが適応的であるため、さして高度な社会的判断や規範あるいは常識に適う行動の選択や制御を自らに強いる必要は相対的に低いのかもしれません。しかし、そうした個人でも、たとえば、看護をはじめとするいわゆる感情労働などにおいては、その他者奉仕的で自己犠牲的な行動が、時に病的な利他性（pathological altruism）として、（自分のことはそっちのけで他人のことを優先するあまり）個人の心身の健康をひどく蝕むようなこともあり得ます。[34] そのため、その元来、向社会的な感情を抑制し、調整するためのＥＩが別立てで必要となる可能性も否定できません。そこでは、自身の心身を守るために、逆説的にも、感情的な優しさの発露をそこそこに抑え込むためのＥＩが時に必須不可欠となるのです。

いずれにしても、能力としてのＥＩ全般にわたって、そこに、すべての人に当てはまるような理想の形がたった一つあるわけではないことはほぼ確かなことといえます。しかし、現今のＥＩ研究の状況は、本来、必ずペアで問題にされなくてはならないはずの、個人の正負両面に現れる感情そのものの個人差に対して相対的に注意を怠っているのかもしれません。また、教育やビジネスの領域を中心に、今やＥＩはさまざまに実践的な応用がなされるに至っています。しかし、そこにおいても、個に応じたＥＩの引き上げという視座は基本的に欠落しているといわざるを得ません。私たちの究極の関心が、理性や知性だけではない、感情を通してもたらされる社会的適応性や心身の健康というところにあるのであれば、私たちは、今後、ＥＩだけではなく、個々人の感情的特性にも目を向け、少なくとも、その二つの次元をもって、より現実味のある研究および応用を進めていく必要があるといえるでしょう。

8　むすび

本章では、冒頭で、ＥＩ概念の先駆的発想をアリストテレスの言説のなかに見出した上で、それが現代において、いかに問題にされているかを示しました。それは、サロヴェイらによって、元来は、能力として概念呈示されたものでしたが、ゴールマン以降、特性としても扱われるようになりました。しかし、その概念としての妥当性やそれに関わる尺度の精度などを厳しく問う研究は、特性としてのＥＩにより多くの問題が潜んでいることを明らかにしつつあります。そこで、筆者は、能力としてのＥＩと特性としてのＥＩが、ともに同じく感情的な知能として扱われることが必ずしも適切ではないのではないかという私論を述べました。しかし、それは、特性としてのＥＩという形で問題にされてきたことの全否定ではなく、むしろ種々の感情そのものに現れる個人差、すなわち感情的特性として積極的に問題にされる必要があることを訴えるものでした。そして、能力としてのＥＩは、必ず個々人のベースラインとしての感情的特性とセットで問われてこそ意味をなすものであることを主張するに至ったわけです。

もっとも、ＥＩに関する理論的吟味は、本来、ここで終わってはいけないものです。実のところ、ＥＩ研究の現況には、本章で取り上げてきた問題の他に、もう一つ真摯に問われるべき問題が残されています。本章のはじめに、感情知性が、対立的に語られることの多かった「感情」と「理性」の両者にまたがるものとして注目されているという旨を記しましたが、その問題のされ方は、主に「感情」に対して「理性」を向けることの重要性を強調するものです。すなわち、感情に対して知覚や認知を的確に働かせること、そして感情に対して適切に制御や抑制を施すことが、現今のＥＩ研究の主眼なのです。そこに根強くあるのはプラトン的感情観であり、結局のところ、そこでは、気紛れでしばしばトラブルのもととなる感情を理性や知性の力で徹底的に管理することの必要性が説かれ、そのための方法の案出や教育のあり方が侃々諤々《かんかんがくがく》と論議されています。

しかし、はじめに記したように、現在、急速に研究が進んできているのは、感情の非合理性ではなく、むしろ、感情の機能性や法則性という意味での合理性です。そして、現今のＥＩ概念の批判的吟味のなかから浮かび上がってきているもう一つの課題が、ＥＩを「感情に対する理性」としてばかりではなく、「感情に潜む理性（合理性）」の活用という視座からも本来、問うべきではないかということです。いってみれば、それは、先に述べたアリストテレス的な感情観に直接的に従ってＥＩの再概念化を図る必要性を強く訴えるものです。これについては、終章の第９章で試論することにしましょう。

第2章 感情知性（ＥＩ）を測るには

1 ＥＩの下位能力

感情知性（emotional intelligence：以下ＥＩ）とは感情を扱う個人の能力であると、サロヴェイとメイヤーは定義しています。[3] ＥＩに含まれる下位能力については研究者によって多少の違いがあります。とはいえ、概ね、以下の三つの下位能力に整理できます。[7]

（1）感情の表現と命名（expressing and labeling emotion）

自分の感情や気持ちをうまく表現できる力です。相手との会話においても、自分の気持ちをうまく表現することは重要です。

（2）感情の理解と認識（perceiving and understanding emotion）

他人の感情をうまく理解する能力です。相手の気持ちを的確に捉えることは、コミュニケーションにおける重要な点です。いわゆる「空気を読む」ことにも関係する能力といえるかもしれません。

（3）　感情の制御と調節 (managing and regulating emotion)

自分の感情や気持ちをコントロールする力です。相手とうまくやっていくためには、自分の不快な気持ちを抑えることが必要です。対人的な場面以外でも、気持ちや感情は、仕事や勉強の成績に影響します。できるだけ、不快な気持ちを抑えて、快な気持ちになれるようにすることが重要なのです。

2　EIの測定

では、ＥＩをどのようにして測定すればよいのでしょうか。

パフォーマンス法

ＥＩの測定方法はパフォーマンス法と自己評定法に分かれます。パフォーマンス法は、知能検査と同じように、ＥＩを構成する下位能力に対応する下位検査を実施して、その成績によってＥＩの水準を決める方法です。日本ではまだ開発されていませんが、メイヤーらが開発した多要因ＥＩ尺度 (the Multiple-Factor Emotional Intelligence Scale：以下ＭＥＩＳ）という検査[1]を以下に紹介しましょう。

ＭＥＩＳは、12の下位検査から構成されています。**表2-1**にはそれぞれの下位検査の概略が紹介されていますが、これらの検査のなかで、表情の認知については、多くの研究がなされています。**図2-1**をご覧ください。この写真の表情には、どのような感情（気持ち）が表れているでしょうか。このような表情写真を見せられ、その表情に表れている感情を答える検査が表情の認知検査で、**表2-1**では、「1．感情の識別」に含ま

における 12 の下位検査の概略

しょうか。以下の六つの感情それぞれに対してあてはまる程度を５段階で評定します。

受容（acceptance）、恐れ（fear）、怒り（anger）、期待（anticipation）、驚き（surprise）、失望（disappointment）

（10）**相対性**（Relativity）２人の登場人物の葛藤する場面を提示されて、それぞれの人物の気持ちや感情を推測して、５段階評定をすることが求められます。

例：ある犬がスティックを追って道路へ飛び出し、そこに通りかかった自動車にはねられました。

犬の飼い主の気持ちは　犬をしっかりと訓練できなかったことを恥じた
　　　　　　　　　　　他の犬をこのような事故から守ろうと思った
ドライバーの気持ちは　犬で良かったという安堵感
　　　　　　　　　　　もっと注意しておけば良かったという罪悪感

4．**感情の制御**（Managing Emotions）感情（情動）を制御、コントロールする能力を調べる検査です。

（11）**他人の感情の制御**（Managing Feelings of Others）ある人の感情を制御するための対応が示され、その効果の程度を５段階で評定します。

例：同僚が動揺している様子で、昼食を一緒にとらないかと誘ってきました。（中略）その同僚は自分が大学の学位を持っていると嘘をついていたと打ち明けました。その学位がないとその同僚は職を失うことになります。

〔この同僚の感情を制御するための対応〕

あなたは、彼が嘘をついていることに対してどのように感じているのかたずね、その事態を理解することにつとめます。そして、彼を助けることを申し出るのですが、彼があなたの助けを本当に望んでいない場合には自分が積極的に助けてはいけません。

（12）**自分の感情の制御**（Managing Feelings of the Self）自分の感情を制御するための方法が示され、その方法の有効性を５段階で評定します。

例：あなたはある特定の異性と数カ月つきあい、（中略）結婚を考えていました。しかし、別れの電話があり、二人の愛は終わりました。

〔自分の感情を制御するための方法〕

あなたが、この嫌な出来事に対応する最も効果的な方法はその出来事を想い出さないことです。あなたは仕事やいろんな活動に没頭し、忘れてしまうのです。

表 2-1　Multiple-Factor Emotional Intelligence Scale（MEIS）

1. **感情の識別**（Emotional identification）　いろんな感情（情動）を区別してとらえる能力を調べる検査です。
　(1) **顔**（Faces）　人の表情写真を見て、その人の感情を推定します。
　(2) **音楽**（Music）　10 秒以内の音楽を聴いて、その感情を評定します。
　(3) **デザイン**（Designs）　デザインを見て、そのデザインに表現された感情を報告します。
　(4) **話**（Stories）　ある人がある感情をいだいた状況等の話を聞いて、その人の感情を推測します。

2. **感情の同化**（Assimilating Emotion）　感情（情動）を自分の知覚や認知に同化する（取り入れる）能力を調べる検査です。
　(5) **共感覚**（Synesthesia）　ある感情を引き起こす事柄をイメージして、その時の感情に対して、温冷覚（温かい－冷たい）、色覚（黄色か、紫色か）、触覚（尖っているか、尖っていないか）といったいくつかの評定をします。
　(6) **感情バイアス**（Feeling Biases）　想像上のある人があなたに対してある感情を引き起こした場合をイメージして、その人に対する印象を評定します。

3. **感情の理解**（Understanding Emotion）　感情（情動）を推理、理解する能力を調べる検査です。
　(7) **混合**（Blends）混合された感情を分析する能力を調べる検査です。
　　例：楽天主義（Optimism）は、以下のいずれに最も近いですか。
　　　(a) 喜び（pleasure）と期待　(b) 受容と歓喜（joy）　(c) 驚きと歓喜（joy）
　　　(d) 喜び（pleasure）と歓喜（joy）
　(8) **進行**（Progressions）　感情の時間の進行に伴う変化に関する理解を調べる検査です。
　　例：もし、あなたが誰かに対して怒りを感じて、我慢できなくなったら、その結果はどうなりますか。
　　　(a) 満悦（gloating）　(b) 憤慨（resentment）　(c) 嫌悪（hate）
　　　(d) 激怒（rage）
　(9) **経過**（Transitions）ある感情がどのように他の感情に続くのかに関する理解を調べる検査です。
　　例：人は恐れを感じた後、冷静になる。この間にどのような感情をもっているので

図２-１　表情認知テストの例
（著者による研究で用いた表情写真）

れています。図２-２は、表情の認知検査に対する評定尺度の例ですが、感情（たとえば、怒り）がどの程度表情に表れているかについてその程度を評定するようになっています。実際に一つ一つの感情に対して、１～５までの数字で答えてみてください。ここでの正解を決めるのは難しいのですが、一つの採点方法として、合意得点化（consensus scoring）があります。この方法では、あらかじめ多くの人に評定してもらい、各評定値に対する人数割合を得点にします。たとえば、図２-１の表情に関して「怒り」の評定について３と評定した人が64％いたとしますと、３と評定した人の得点は０・64点になります。同じように、１と評定した人が４％しかいなかったとすると、１と評定した人は０・04点ということになります。また、専門家得点化（expert scoring）という方法もあります。この場合には、専門家（ＭＥＩＳの著者たち）が正答を決めて得点化する方法です。感情はあいまいなものですので、得点化については、あいまいさを少なくして客観性を高める工夫がなされています。しかし、採点の方法に関しては今後も課題があるといえるでしょう。

自己評定法（self-report）

パフォーマンス法は実施が困難であるという問題があります。それに対して、これから紹介する自己評定法は、心理学では、古くから性格検査に用いられてきた方法で、容易に実施ができるものです。

	全く現れていない (Definitely not present)				非常によく現れている (Definitely present)
怒り (Anger)	1	2	③	4	5
悲しさ (Sadness)	1	②	3	4	5
幸福感 (Happiness)	1	②	3	4	5
嫌悪 (Disgust)	1	2	3	④	5
恐れ (Fear)	①	2	3	4	5
驚き (Surprise)	①	2	3	4	5

図2-2　表情に現れた感情の評定尺度の例
○をつけた数字は、その評定をする人が最も多かったことを示している。

A　日本版ESCQ（Japanese Version of Emotional Skills and Competence Quesrionnaire）

この尺度の原版は、メイヤーらによるＥＩの定義に基づいて開発されたものです。日本版は筆者らによって開発されました。[16] **表2-2**には、日本版ＥＳＣＱ（Ｊ-ＥＳＣＱ）が下位尺度ごとに示されています。**表2-3**には、日本の大学生における各下位尺度の平均と標準偏差が示されています。平均に標準偏差をプラスした点と、平均から標準偏差を引いた値の範囲内に、集団のおよそ3分の2の人が入ることになります。

では、**表2-2**のＪ-ＥＳＣＱに回答してみてください。各項目に対して、「いつもそうである」と思う場合は5、「だいたいそうである」と思う場合は4、「時々そうである」と思う場合は3、「めったにそうでない」と思う場合は2、「決してそうでない」と思う場合は1を（　）内に記入してください。24項目すべて記入し終わったら、合計A、B、Cを算出して**表2-3**の大学生の平均点と比較してみてください。

さて、ご自身の採点結果はいかがだったでしょう

表 2-2　日本版 Emotional Skills and Competence Questionnaire（J-ESCQ）

感情の表現と命名（Expressing and Labeling emotion）

1.（　）私は、自分の気持ちや感情を表す言葉がすぐに浮かんでくる。	合計 A（　）
4.（　）私は、自分が感じている複数の感情を一つひとつ言葉にすることができる。	
7.（　）私は、自分がどのように感じているかを表現することができる。	
10.（　）私は、自分の気分について多くのことを知っているといえる。	
13.（　）私は、自分の気持ちを表す言葉を簡単に探すことができる。	
16.（　）私は、自分の感情をうまく表現できる。	
19.（　）私は、自分の気持ちは、ほとんど理解できている。	
22.（　）私は、今の気分をうまく言葉にすることができる。	

感情の認識と理解（Perceiving and Understanding emotion）

3.（　）私は、誰かと一緒にいるときの様子を見ると、その人の感情を正確に見きわめられる。	合計 B（　）
6.（　）私は、誰かが罪悪感を感じているときには、それに気づく。	
9.（　）私は、友達の気分の変化を見抜くことができる。	
12.（　）私は、知り合いに出会ったときには、すぐにその知り合いの気分がわかる。	
15.（　）私は、友達が密かに抱いている嫉妬を見抜くことができる。	
18.（　）私は、誰かの気分が落ち込んでいるときには、それに気づく。	
21.（　）私は、誰かが本当の気持ちを隠そうとしていても、それに気づく。	
24.（　）私は、誰かが嫌な気持ちを隠そうとしていても、それに気づく。	

感情の制御と調節（Managing and Regulating emotion）

2.（　）私は、正常な物事に対する感じ方をしている。	合計 C（　）
5.（　）私は、気分が良くて幸せなときは、勉強がはかどり、頭にもよく入る。	
8.（　）私は、良い気分でいようとしている。	
11.（　）私は、普段の気持ちや感情のとらえ方についてはおかしいところはない。	
14.（　）私は、誰かにほめられると、より熱心に頑張るようになる。	
17.（　）私は、不快な感情をおさえて、良い感情を強めようとしている。	
20.（　）私は、気分の良いときには、なかなかその気分は沈まない。	
23.（　）私は、気分の良いときには、どんな問題でも解決できるように思う。	

項目の前にある番号は、正式にこの尺度を実施する場合の実施順を表している。

表 2-3　J-ESCQ の下位尺度ごとの平均と標準偏差

下位能力	感情の表現と命名 合計Ａ（　　）		感情の認識と理解 合計Ｂ（　　）		感情の制御と調節 合計Ｃ（　　）	
性	男子	女子	男子	女子	男子	女子
平均	21.73	23.47	23.39	23.28	27.00	27.14
標準偏差	5.54	5.50	6.22	5.86	4.94	4.34

か。Ａ～Ｃまでの合計点を記入していただければ、ご自身のＥＩの特徴がご理解いただけるはずです。

　合計Ａは、自分の感情を理解し、それを適切な言葉で表現できる能力の水準を表しています。自分の感情がうまく表現できれば、他者とのコミュニケーションもうまくいきます。合計Ｂに反映されるのが、他者の感情を理解するという能力です。よく「空気を読む」という表現が用いられますが、相手の感情を捉えて、それに応じた行動や表現を取ることは、人間の生活において重要なことです。そして、合計Ｃに反映されるのが、自分の感情を制御し、調節する能力です。この能力が高ければ、気分の良いときにはその良い気分にのってスムーズに仕事や勉強をこなし、最大限の成果を上げることもできます。また、反対に、気分が落ち込んでいるときには、それを良い気分に変えて、成果を高めることができるのです。この能力の高い者は、孤独感が低いことが明らかになっています。[11] すなわち、孤独を感じる場面においても、感情を肯定的な方向へとコントロールすることが可能なのです。

B　日本版WLEIS（Wong and Law EI Scale）

　ＷＬＥＩＳは、「感情の利用」という下位尺度が入っている自己評定尺度です。[17]「感情の利用」という能力は、先に紹介したＭＥＩＳというパフォーマンス法ではまとまった能力として測定するのが難しいものです。しかし、この尺度は、自己評定法ではありますが、一つのまとまりをもった能力として測定したわけです。筆者らは、ＷＬＥＩＳの日本版（Ｊ-ＷＬＥＩＳ）を開発しています。[14] **表2-4**には、Ｊ-ＷＬＥＩＳの

表 2-4　J-WLEIS 尺度[14]

感情の調節	
14）	私は、自分の気持ちをコントロールするのがとても得意である。
16）	私は、自分の気持ちをうまくコントロールできている。
15）	私は、腹が立ったときでもすぐに落ち着きを取り戻すことができる。
13）	私は、自分の感情の高まりをおさえられるので、難しい課題であってもそれらをうまく処理できている。
自己の感情評価	
2）	私は、自分の気持ちをよく理解できている。
1）	私は、たいていの場合なぜ自分がそんな気持ちになるのかがわかる。
3）	私は、自分の感じていることがよくわかっている。
4）	私は、いつも自分の気分が良いかどうかわかっている。
感情の利用	
12）	私は、いつも自分を励まして、全力を尽くせるようにしている。
11）	私は、自分でやる気を高めようとする人間である。
9）	私は、いつも自分の目標を立て、それを達成するために全力を尽くす。
10）	私は、いつも自分が有能な人間であると自分に言い聞かせている。
他者の感情評価	
7）	私は、他人の気持ちや感情に対して敏感である。
8）	私は、周りの人たちの気持ちをよく理解している。
5）	私は、友人の行動を見れば、その友人の気持ちがわかる。
6）	私は、他人を観察して、その人の気持ちをわかろうとしている。

番号は、実際に用いた調査用紙の提示順。

表 2-5　J-WLEIS における下位尺度ごとの平均と標準偏差

下位能力	感情の調節		自己の感情評価		感情の利用		他者の感情評価	
性	男子	女子	男子	女子	男子	女子	男子	女子
平均	17.96	16.23	22.26	21.81	17.41	17.04	20.85	20.15
標準偏差	4.89	5.06	3.61	3.96	4.99	4.64	4.32	4.08

項目が示されています。この尺度は、先に紹介したJ-ESCQとは異なり、7件法による回答を求めています。**表2-5**には、J-WLEISの下位尺度ごとの平均と標準偏差が示されています。感情の調節は、先に紹介したJ-ESCQでいえば、感情の制御と調節にあたります。自己の感情評価は、J-ESCQでは感情の表現と命名にあたります。感情の利用は、この尺度の新しい点であり、感情を活用して、自分の行動を効率よくするための行動を調べるための項目から構成されています。そして、他者の感情評価は、J-ESCQでは感情の認識と理解に対応するものです。他人の感情や気持ちを理解する能力になります。なお、自己評定法によるEI尺度としては、小学生用情動知能尺度[15]（**表2-6**）、中学生用J-ESCQおよびJ-WLEIS[13]、高校生用J-ESCQ[12]があります。

表2-6　児童版情動知能尺度[15]

6)	自分をはげましてがんばっている。
2)	どんなことにもやる気がある。
13)	良い気分が続くようにしている。
14)	友だちの気持ちが変わるとすぐにわかる。
16)	自分の気持ちをうまく言うことができる。
12)	友だちが気持ちをかくしてもわかる。
1)	友だちの気持ちがわかる。
5)	つらい気持ちがわかる。
9)	目標を立てて、がんばっている。
11)	自分はよくできると言い聞かせている。
8)	友だちの気持ちを気にしている。
4)	うれしい気持ちがわかる。
17)	友だちの元気がないとすぐにわかる。
10)	困った時でも、あわてない。
15)	だれかにほめられるともっとがんばろうと思う。
3)	自分の気持ちをがまんできる。
18)	気分が良いときには勉強がよくできる。
7)	おこっても、すぐに落ちつける。

番号は、実際に用いた調査用紙の提示順。

3　EIの高い人とは、どのような人か

性格

（これは第1章でふれた混合モデルや特性モデルということになりますが——編者注）J-ESCQによって測定されたEIの高さがどのような性格特性と関連しているのかが検討さ

図2–3　実験で用いられた小冊子のページ例[8]

れてきました。筆者らは、ＥＩと外向性および開放性という性格特性との間に正の相関を見出し、ＥＩが高い人ほど、外向性や開放性の傾向の強いことを示しました。[16] また、神経質傾向との負の相関が認められました。ＥＩが高いほど、神経質傾向が弱いことが明らかにされたのです。さらに、自尊感情との正の相関も認められ、ＥＩの高い人は、自尊感情も高いことがわかりました。これらの結果をまとめると、ＥＩの高い人は、明るく、人に対する積極性があり、思考には柔軟性があり、気分が安定し、自信をもっているということになります。

記憶

最近、感情を喚起する情報は、喚起されない情報よりも記憶に残りやすいという現象が数多く報告されています。この現象は「感情により促進された記憶」(emotionally enhanced memory) と呼ばれています。[5] 要するに、喚起された感情は、情報を検索する際に有効な手掛かりとなるのです。

筆者は、**図2–3**に示すように、快な出来事を連想しやすい快語（例、幸福）、不快な出来事を連想しやすい不快語（例、戦争）、そして、快でも不快でもない中立的な出来事を喚起しやすい中立語（例、空気）を用いて、以下のような実験を行いました。[8] まず、実験参加者は、上記のような語が提示されると、その語から過去の出来事を連想するように言われました。そし

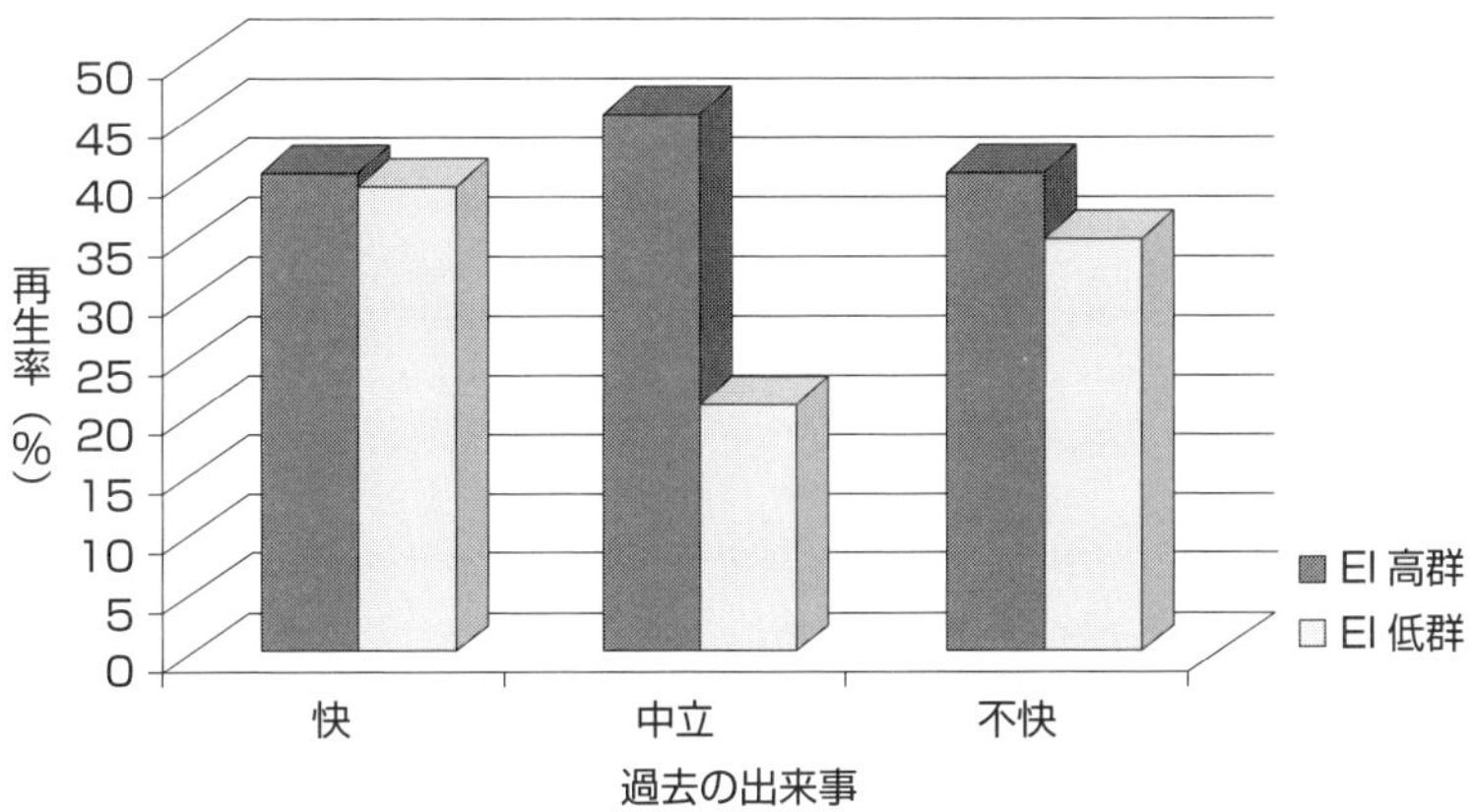

図 2-4　連想された過去の出来事（快、中立、不快）ごとの単語の再生率 (8)

て、その出来事が良い感じ（快な出来事）であったか、嫌な感じ（不快な出来事）であったかを**図 2-3** のような 6 段階の評定尺度で評定したのです。このような評定を 30 語に対して行った後、実験参加者に対して、これらの語を思い出すように求めました。あらかじめ単語を憶えなさいとは教示されていないので、実験参加者が語を思い出すためには、その語から連想された過去の出来事に対する感情（快-不快）を手掛かりとしなければなりません。**図 2-4** に、思い出した単語の割合（再生率）が示されています。この図を見ると、感情が強い快および不快な出来事を想起した場合の単語の再生率には、ＥＩの高い人のグループ（ＥＩ高群）と低い人のグループ（ＥＩ低群）の差はありません。しかし、感情が弱い中立的な出来事を想起した場合にＥＩ高群が低群よりも再生率が高かったのです。ＥＩ高群は、快や不快という強い感情ではなく、中立的な弱い感情が喚起される場合であっても、その感情を単語を思い出すための手掛かりとして利用することができるのですが、低群ではそのような利用ができないことがわかります。

筆者の別の実験では、単語から過去の出来事を想起させる場合と未来の出来事（これから起こると予想される出来事）を想起させる場合を比較しました。(9) その結果は、やはりＥＩ高群と低群で再生率が異なっていることを明らかにしたのです。過去の出来事を想起した場合には、高群および低群ともに快および不快な出来事を想起した場合が、中立的な出来事を想起した場合よりも再生率が高くなりました。この結果は、過去の出来事の感情を処理した結果、快および不快な出来事から喚起される強い感情が単語を思い出すための手掛かりとして有効に機能していることを示しています。しかし、未来の出来事を想起させた場合には、高群では快および不快な出来事を想起した場合が中立的な出来事を想起した場合よりも再生率が高かったのですが、低群ではその出来事から喚起される感情による再生率の違いはありませんでした。この結果は、低群では未来の出来事から喚起される感情を処理できていないことを示すものとして解釈されています。未来の出来事はまだ経験していない出来事ですので、その感情を処理することは過去の出来事よりも困難になります。ＥＩ高群は感情処理能力が高いので未来の出来事によって喚起される弱い感情も効果的に処理できるのですが、低群にはそれが難しかったのでしょう。使われている単語によって多少の違いはありますが、ＥＩの違いによって確実に記憶成績は影響されているということです。憶えるべき情報から喚起される感情をうまく処理できる場合には、その感情を手掛かりとして思い出すことができますが、感情を処理できないと思い出す手掛かりがなくなり、記憶成績は低下することになるのです。

実験参加者が自分で憶えるべき情報を選ぶ場合（これを自己選択といいます）は、誰かに憶えるべき情報を指示される場合（これを強制選択といいます）よりも記憶成績が良いという現象があります。これを自己選択効果と呼んでいます。[4] 筆者は、自己選択効果にＥＩが影響することを明らかにしました。[10] この実験では、**図2-5**に示しているような単語対を提示し、自己選択条件では、「二つの単語のうち、より快な（良い）過去の出来事が連想される単語を選択して、それを憶えなさい」と指示されます。一方、強制選択条件では、「二つの単語のうち、下線の引いてある単語を、快な（良い）過去の出来事を想起しながら憶えなさい」と指示されました。単語対の例は**図2-5**に示されていますが、快語と快語の対と不快語と不快語の対がありました。**図2-6**には、快語-快語の対の再生率が示されています。快語から快な過去の出来事は喚起されやすいので、二つの単語の

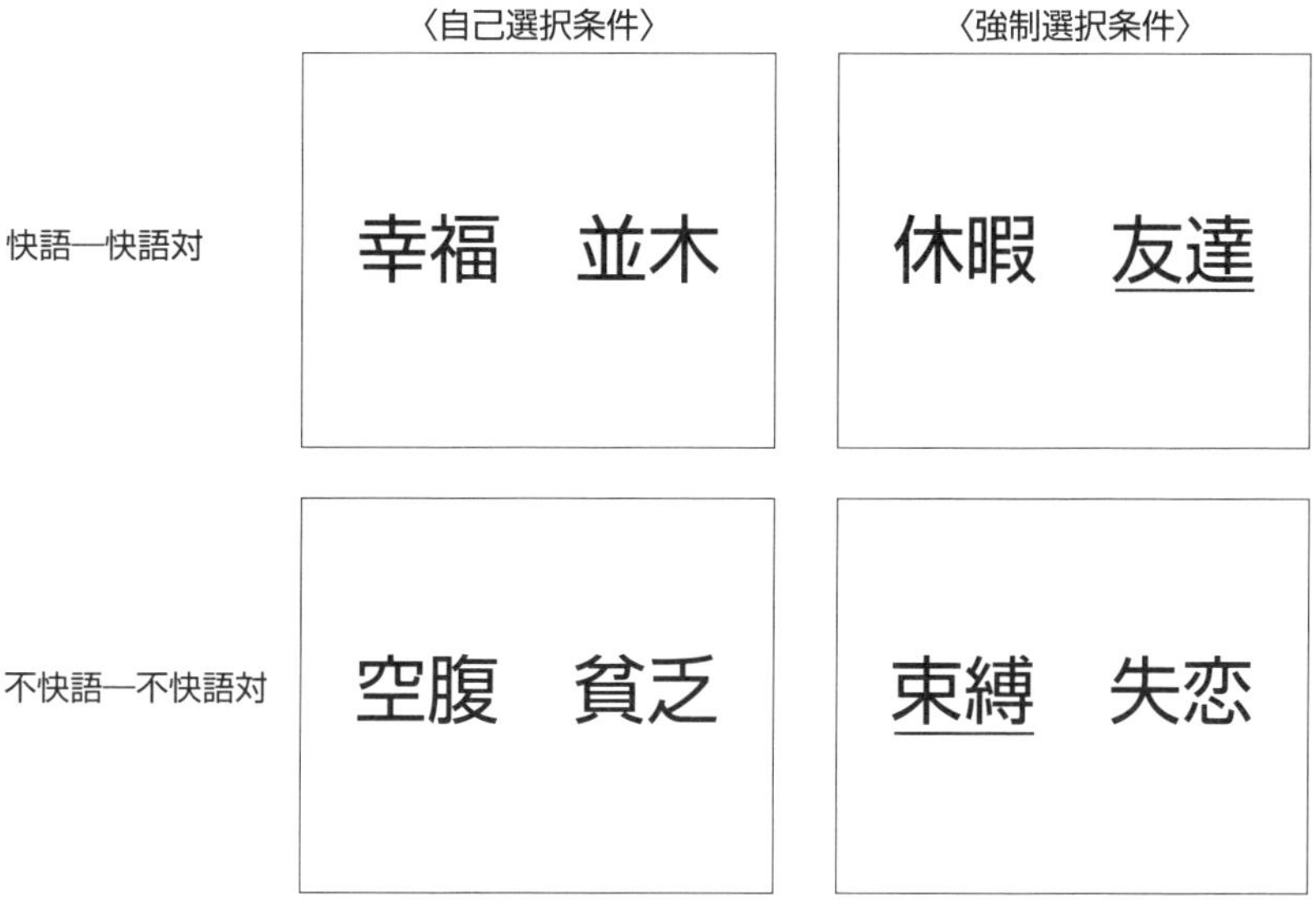

図 2-5　実験で用いられた小冊子のページ例 (10)

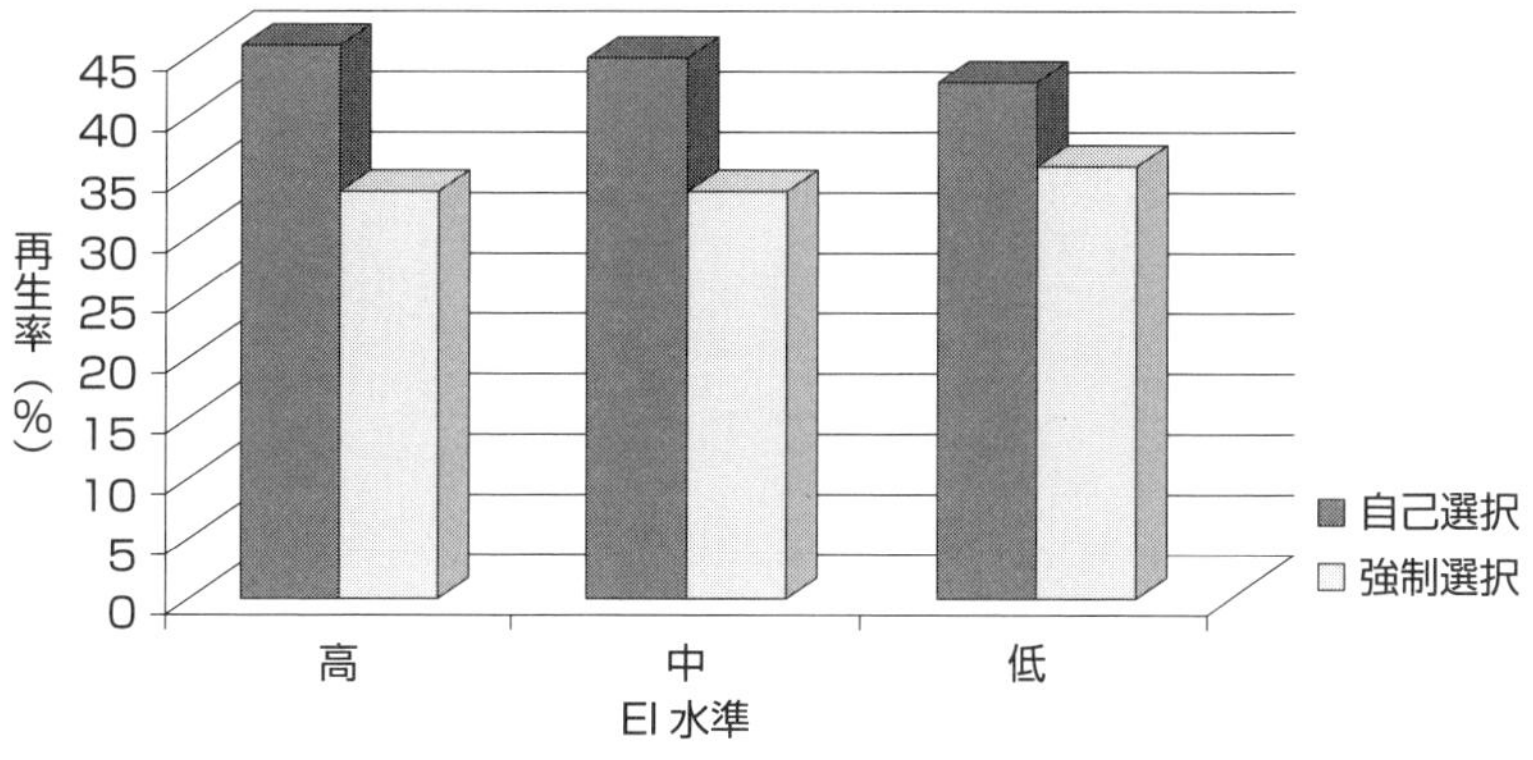

図 2-6　快語—快語対における再生率 (10)

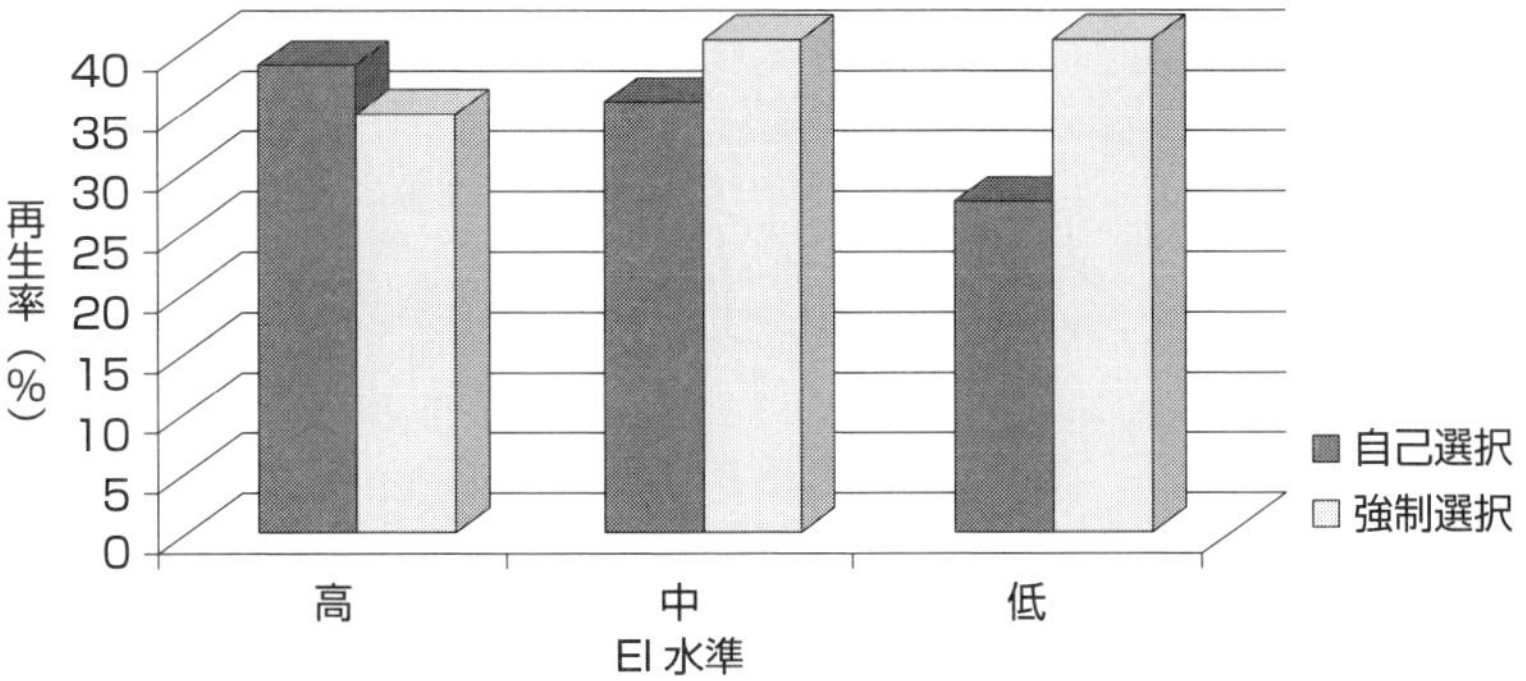

図２−７　不快語—不快語対における再生率(10)

うち、より快な出来事を想起する単語を参加者は選択して、それを憶えることになります。その結果、ＥＩ高群と低群ともに、自己選択効果（自己選択条件と強制選択条件の差）が生じています。ただし、高群が低群に比べてこの自己選択効果は大きくなっています。一方、不快語と不快語の対の再生率は、**図２-７**に示されています。不快語からは快な出来事は喚起されにくいので、参加者がより快な出来事を想起する単語を選択しにくいことになります。このような場合には、ＥＩ高群では小さいながらも自己選択効果が出現しています。しかし、低群ではむしろ強制選択条件の方が再生率が高くなっているのです。ＥＩ高群は不快語から喚起される不快な感情を抑制して、快な出来事を想起して憶えることができるのですが、低群では不快語から喚起される不快な感情を抑制できずに、その不快な感情が快な出来事と一致せずに単語を思い出す際の手掛かりとならなかったためであると解釈されました。これらの結果は、ＥＩの水準によって自己選択効果の大きさが影響されることを示しています。ＥＩが高い者は単語から喚起される感情をうまく処理し、単語を思い出す手掛かりとして利用できます。ところが、ＥＩの低い者は、そのような感情の処理ができず、単語を思い出す手掛かりとして利用できないと考えられています。

学業成績

ＥＩは、学業成績には影響するのでしょうか。筆者は、小学１年生〜中学２年生の児童・生徒１０８６名に対して、ＥＩに関する六つの質問をしました。[6] その質問とは、「学校で楽しくしていますか」「友だちが楽しくしているかどうかわかりますか」「ハラがたっても、ガマンすることができますか」「先生に乱暴な言葉つかいをすることがありますか（先生にらんぼうに話をすることがありますか）」「学校内で、ケンカをすることがありますか」「誰（だれ）かの言ったことばで、ハラがたつことがありますか」というものでした。（　）内の表記は、小学１、２年生の調査に用いたものです。「友だちが楽しくしているかどうかわかりますか」は、先に紹介しましたＥＩの下位能力では他者の感情の認識と理解に対応します。しかし、これ以外の質問はすべて自分の感情の制御と調節に対応します。つまり、感情をコントロールする力を測定する質問であったわけです。児童・生徒は、これらの質問に対して、「いつも」「ときどき」「たまに」「いいえ」のいずれかを選んで回答しました。これらの質問に対する回答を得点化して、学業成績（児童・生徒が在籍する学校の協力を得て、小学生は算数・国語、中学生は数学・国語・英語の学力検査の合計得点を提供してもらいました）との関係を相関係数（r）によって調べたのです。その結果、小学３年生（r=.35）、４年生（r=.35）、５年生（r=.38）、そして中学１年生（r=.32）において、ＥＩの得点と学業成績の関連のあることが示されたのです。小学３〜５年生は発達の節目といわれていますが、この時期に自分の感情をコントロールする力は学力に影響する可能性がうかがえます。また、中学１年生は小学校から中学校への環境の変化とともに感情が不安定になる時期ですが、この時期においても感情をコントロールする力が学力に影響するようです。

学校適応

ＥＩは、学校での生活適応に影響するのでしょうか。ＥＩの高い児童は、学校での生活を快適に送れるのでしょうか。著者らは、ＥＩと学校適応との関係を調べるために、小学１～６年生までの５８３名に対して、29ページの**表2-6**に示されているような児童用ＥＩ尺度（**表2-6**では、因子負荷量が高い項目から順に並べています）を実施しました。[15] 児童は、各質問に対して、「ぜんぜんあてはまらない」「あまりあてはまらない」「少しあてはまる」「よくあてはまる」のなかから自分の答えを選んでいきました。大人用のＥＩ尺度は、三つの下位能力に分かれていましたが、児童版についてはＥＩ全体としての能力が得点化されるようになっています。また、学校適応の程度を測定するための尺度には、「自分の組の教室は、すごしやすい場所だと思う」「なかのよい友だちがいる」「先生は、わたしの話をよく聞いてくれる」「友だちに自まんできることがある」などの項目が含まれています。[2] これらの項目に対する回答の仕方は、ＥＩ尺度と同じです。これらＥＩと学校適応の二つの尺度の関係を調べてみたところ、ＥＩ尺度のどの項目も学校適応と関連することがわかりました（相関係数 $r = .14 \sim .72$）。したがって、ＥＩは児童の学校適応に影響しているのです。自分の感情をコントロールでき、他児の感情を理解できる児童は、学校での生活も快適になるというわけです。

第3章

小・中学校における感情知性（ＥＩ）を育むプログラム

1 ＥＩを育てるとは

知能指数とこころの知能指数

知能指数（ＩＱ）は教育関係者の間だけではなく、一般にも使用されている言葉です。生まれつきの頭の良さとか賢さを想像する人が多いでしょう。

一方、「こころの知能指数」という言葉は、我が国ではアメリカ人ジャーナリストのダニエル・ゴールマンによる１９９６年の『ＥＱ――こころの知能指数』（講談社）によって、一躍知れわたるようになりました[3]。大学で優秀な成績を修めた人がすべて社会的に成功するのではなく、周囲の人びととの協力関係を築いたり関係者のチームワークを維持・発展させたりする能力が関係しており、それを「感情知性」（emotional intelligence：以下ＥＩ）と呼んでいます。日本語では「こころの知能」と訳され、注目されるようになりました。

社会的能力とＥＩの関係

ところで、周囲の人びとと協力的な関係をもったり、チームワークで何かを達成したりする力は一般には社会的能力と呼ばれています。この社会的能力とＥＩとはどのような関係になっているのでしょうか。実は、この両者の関係についてはまだ研究が進められている段階で、二つを区別できるという考えと、明確には区別できないという考えの両方が主張されています。

筆者も両者を峻別しているわけではありませんが、ＥＩのＥ、すなわち英語のemotionに当たる日本語の「情動」には「動」が含まれていますので、人を突き動かし駆り立てるエネルギーのようなものと考えています。ですから、その内なるエネルギーが暴走しないように制御するとともに、エネルギーを適切な方向に適切な強度で活かしていく能力がＥＩといえるのではないでしょうか。

それに対して社会的能力は、情動のコントロールも含めて、周囲の他者との関わり方全般に関する能力と捉えています。ただし、こうした位置づけは今後の研究の進展によって、より明確になると予想されます。なお、これから述べる、教育場面での学習プログラムの開発と実践においては、筆者に限らず社会的能力とＥＩは厳密に区別されていないといえます。

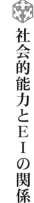

ＥＩを育てる必要性

今なぜ、教育界においてＥＩが注目されているのでしょうか。社会的な要請として、経済協力開発機構（ＯＥＣＤ）は、これからの人間に必要な能力として、キー・コンピテンシーという概念を提唱しています。これは、情報化とグローバル化が進む現代社会で生きる人間に必要な基礎的な能力を意味していて、言語などのシンボルを使いこなす能力や他民族と友好的に生活を営む能力とともに、周囲の人との適切な関わり方が含まれた概念です。まさに社会的能力が世界的な視野でも重要視されているといえます。ＥＩを育てる必要性が、経済活動の維持・発展の観点から提唱されているわけです。

なお余談になりますが、言語などのシンボルを使いこなす能力を測定するために、学力の国際比較が何年かごとに実施されていて、日本の子どもの国際的な順位が国内で注目されてきました。これが、学力低下が議論されるきっかけともなりました。

経済界の動向とは別に、もともと教育的観点から社会的能力の育成の必要性が叫ばれてきました。欧米では、子どもを健全に育て良き市民として育成する必要性から、子どもの社会的能力を高める取り組みが開発されてきました（本章の第４節参照）。日本でも不登校児童生徒数が相変わらず減少せず、また暴力行為の低年齢段階での増加を受けて、友人関係を適切にもつとともに、トラブルを暴力で解決せずにすむように、社会的能力の育成が１９９０年代後半から叫ばれるようになりました。日本の学校で生徒指導の取り組みを進める際の基本書といえる「生徒指導提要」（２０１０）には、社会的能力に深く関わる「人間関係づくり」という言葉が随所に見られます。また、その他「コミュニケーション力の低下」もさまざまに議論されています。

実は、日本国内では子どもの問題行動以外に、非正規の就業形態から脱出できないフリーターや、未就労状態にいるニートの増加が、年金などの社会保障制度維持への脅威となるため、小中学生段階から生き方の教育、すなわちキャリア教育を推進する必要性が叫ばれています。そこでも、社会的能力の育成が重要な柱として位置づけられており、この側面からもＥＩを高めることが求められています。

子どもの生活体験の変化

上で見たように、子どもの問題行動（不登校、暴力行為の低年齢での増加など）への対処や、キャリア教育に見られるような生き方教育のなかで、社会的能力の育成が求められています。では、子どもの社会的能力は以前に比べると低下しているのでしょうか。あるいはこれまでのレベルと変わったわけではないものの、社会がよりいっそうの高さを求めるようになったのでしょうか。

実は、日本の教育現場関係者の声を聴くと、前者、すなわち子どもの社会的能力はこれまでに比べると低下しているようです。その原因は、子どもを取り巻く環境の変化による生活体験の質と量の変化にあると考えられます。幼少期からの同年齢・異年齢の子どもとの自発的な集団遊びの経験が少なくなり、周囲の身近な大人との日常的な交流も減少しています。また自然とのふれあい体験が乏しくなり、安全面への配慮から危険な場面そのものに接する機会も減りました。

こうした生活体験の変化は、適切な言動の習得や社会的ルール獲得の機会を奪い、また欲求不満への対処法やトラブルの解決方法が身につきにくい状況をもたらしています。これが、子どもの社会的能力を低下させる原因になっていると考えられます。

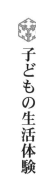

2　SEL-8Sプログラムによる取り組み

ＳＥＬ-８Ｓプログラムとは

１９８０年頃から、アメリカで、「社会性と情動の学習」（social and emotional learning：以下ＳＥＬ）の取り組みが始まりました。これは、ダニエル・ゴールマンの『ＥＱ——こころの知能指数』にも情動教育として紹介されており、まさにＥＩを育てる学習と位置づけられています。ＳＥＬは「自己の捉え方と他者との関わり方を基礎とした、社会性（対人関係）に関するスキル、態度、価値観を身につける学習」を意味します[5]。実はこれは、特定の心理教育プログラム、すなわち心理学の考え方や研究成果などを基盤とした学習プログラムを意味するのではなく、数多くの心理教育プログラムの総称です。

そして、本節ではＳＥＬのなかの特定の学習プログラムとして、ＳＥＬ-８Ｓ（Social and Emotional Learning of 8 Abilities at the School）（セルはちエス）プログラムを紹介します。これは、**表3-1**に示すような八つの社会的能力の育成を図ることを目指したもので、日本語では「学校における八つの社会的能力育成のための社会性と情動の学習」となります。

表3-1のなかの五つの基礎的社会的能力は、対人関係で基礎となる社会的能力で、汎用的で日々の生活のさまざまな場面で必要な能力です。重点の置かれ方は異なりますが、世界中の多くのＳＥＬプログラムでこれらの能力の育成がねらいとなっています。表のなかの応用的社会的能力は、基礎的社会的能力をもとにしたもので、より複合的で応用的な能力です。

我が国の他の心理教育プログラムでは特定あるいは一部の社会的能力に注目したものが多いのですが、ＳＥ

表 3-1　SEL-8S プログラムで育成を図る社会的能力

	能力	説明
基礎的社会的能力	自己への気づき	自分の感情に気づき、また自己の能力について現実的で根拠のある評価をする力
	他者への気づき	他者の感情を理解し、他者の立場に立つことができるとともに、多様な人がいることを認め、良好な関係をもつことができる力
	自己のコントロール	物事を適切に処理できるように情動をコントロールし、挫折や失敗を乗り越え、また妥協による一時的な満足にとどまることなく、目標を達成できるように一生懸命取り組む力
	対人関係	周囲の人との関係において情動を効果的に処理し、協力的で、必要ならば援助を得られるような健全で価値のある関係を築き、維持する力。ただし、悪い誘いは断り、意見が衝突しても解決策を探ることができるようにする力
	責任ある意思決定	関連するすべての要因と、いろいろな選択肢を選んだ場合に予想される結果を十分に考慮し、意思決定を行う。その際に、他者を尊重し、自己の決定については責任をもつ力
応用的社会的能力	生活上の問題防止のスキル	アルコール・タバコ・薬物乱用防止、病気とけがの予防、性教育の成果を含めた健全な家庭生活、身体活動プログラムを取り入れた運動の習慣化、暴力やけんかの回避、精神衛生の促進などに必要なスキル
	人生の重要事態に対処する能力	中学校・高校進学への対処、緊張緩和や葛藤解消の方法、支援を求め方（サポート源の知識、アクセス方法）、家族内の大きな問題（例、両親の離婚や別居）や死別への対処などに関するスキル
	積極的、貢献的な奉仕活動	ボランティア精神の保持と育成、ボランティア活動（学級内、異学年間、地域社会での活動）への意欲と実践力

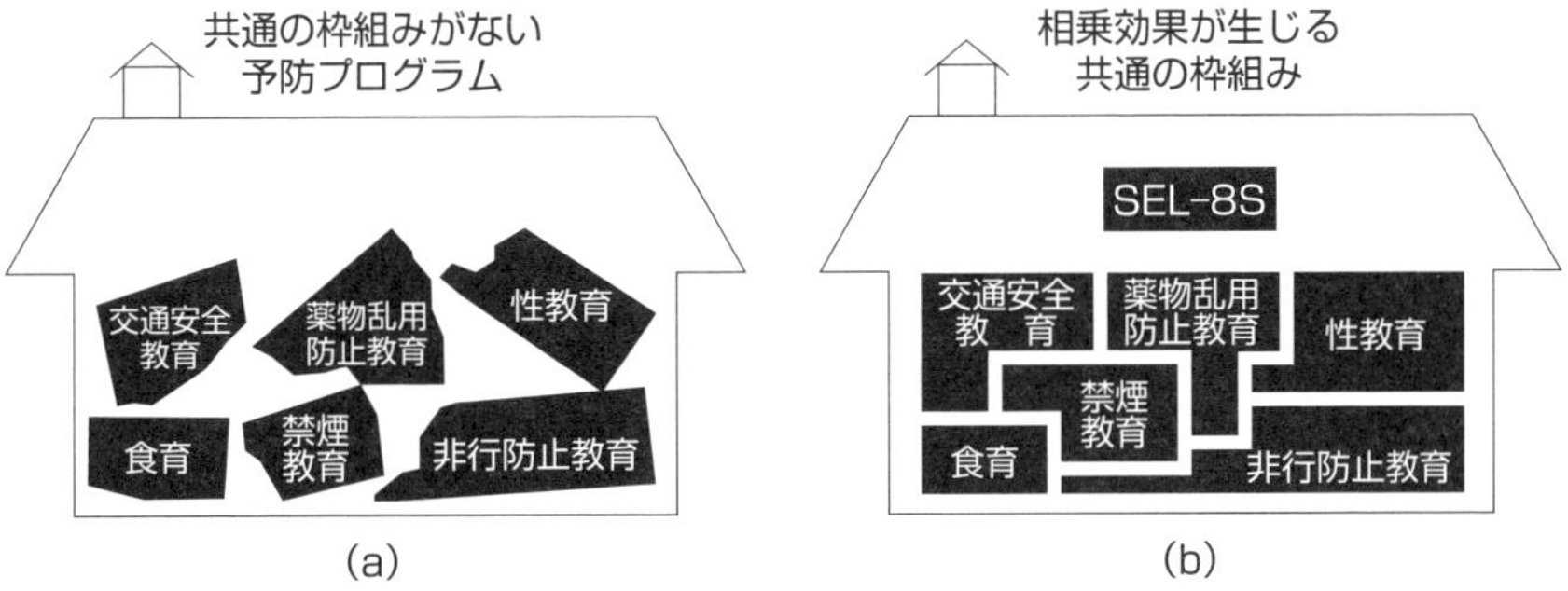

図 3−1　さまざまな予防・開発的取り組みの共通の枠組みとしての SEL−8S プログラム(6)

L−8Sプログラムは、基礎的社会的能力と応用的社会的能力を合わせて子どもの社会的能力を総合的に育てることができる点と、我が国の教科の学習、学級活動、学校行事などと関連づけて取り組むことができる点が大きな特徴です。

予防・開発的取り組みとしての SEL−8Sプログラム

学校では、たとえば未成年の禁煙教育や性教育などのように、子どもの問題行動を予防し、さらに健全育成を目指してさまざまな取り組みが行われています。これらの取り組みは、導入の時期や経緯の違いのため、ともすると**図3−1**（a）のようにあまり整合性のない配置で位置づけられています。そのため、それぞれの取り組みが全体としてはまとまりのない印象があり、教育効果も部分的になる可能性があります。

それに対して、**図3−1**（b）のような一定の〝共通の枠組み〟を設定するなら、すべての取り組みを適切に位置づけ、全体の教育効果を高めることができます。SEL−8Sプログラムが、この〝共通の枠組み〟に該当します。例えば、「してはいけない！」と言われた行為をしない、あるいは誘惑に打ち勝つ自己制御や自己決定力、誘われそうな場面での気づき、悪い誘いを断るスキルなどは、さまざまな問題行動の予防に関係します。この学習を、〝共通の枠組み〟のなかに適切に位置づけることによって、問題行動ごとに取り扱って学習が重複したり、あるいは逆にどれかの予防学習で扱うはずと思い込んで抜け落ちたりすることを、避けることができるのです。

学校でのＳＥＬ−８Ｓプログラムの実践方法

学校でのＳＥＬ−８Ｓプログラムの実践にあたっては、**表３−１**の八つの社会的能力を育てるために、八つの学習領域を設定してあります。**表３−２**に、小学校の学習領域と社会的能力の関係、各学習領域の主テーマ、そしてユニット（授業時間）数を示しました。ユニットごとに、学習指導案や教材そして学習プリントが用意されています。(6)(7)

学習の中心となるのは気づきとスキルです。気づきは、八つの社会的能力のなかに「自己への気づき」や「他者への気づき」が含まれていることからもわかると思います。気づきがなければ、具体的な行動や関わりが開始されません。そして、スキルについては、技術、技能と訳されることが多いのですが、ここではコツと呼んだ方がよいかもしれません。

具体的に考えてみましょう。ＥＩについては、怒りを爆発させない、周囲の人と適切な相互関係をもつといったことがよく取り上げられます。怒りを爆発させないためには、まず自分がどの程度の怒りの状態にあるのかに気づく必要があります。そして、それを抑えるとともに、怒りを適切に表現したり相手に伝えたりするコツを身につけなければなりません。また、周囲の人との関係についても、相手がどういう気持ちや状態なのかに気づくことからスタートして、挨拶、聞く、話すといったような相互関係をもつための方法、つまりコツを使います。

こうした気づきやスキルの習得を促すために、ＳＥＬ-８Ｓプログラムでは、ゲームや身体活動、あるいは実際に演じたり練習したりするロール・プレイング（役割演技）が行われます。また、気づきやスキルの要点を理解したり覚えやすいように、何点かのポイントにまとめる工夫もされています。たとえば、「断り方のポイント」は、「断るのは〝こわかー〟」と覚えます。これは、「【コ】（はっきり）断る、【ワ】（その）理由（わけ）を伝える、【カ】代わりの案を伝える」というスキルを語呂合わせにしたものです。

これらの学習方法を用いて、子どもの気づきを促しスキルを高めていくわけですが、こうした学習がＥＩを高めていくとするなら、ＩＱすなわち知能指数が生得的であると考えられているのに対し、ＥＩは後天的に高めていくことができるということになります。

近年、我が国でも取り組みが進みつつある発達障害児の支援においても、特に周囲の人とのコミュニケーションが苦手な子どもには、スキル学習が積極的に取り入れられています。これは、ＥＩを高めて、学校生活だけでなく社会生活での適応を促進していくための支援といえるでしょう。

小学校におけるＳＥＬ-８Ｓプログラムの授業例

学校での実践例として、小学生を対象にした「こころの信号機」の学習を紹介します。このねらいは、怒りを爆発させずに適切な方法で表出するスキルを身につけさせることです。

例として、列を作って並んでいたら、別の子が強引に自分の前に割り込んできたような場面を想定します。すぐにカッとなってその子を叩いたり突き飛ばしたりすると、ケンカになったり、また相手にケガをさせることもあるでしょう。そこで子どもは、**図3-2**のような信号機のモデルを使って3段階での対応を学びます。赤色は「とまれ」ですから、まずは心を落ち着けるための深呼吸です。子どもには「深呼吸をゆっくり5回

を図る社会的能力（小学校）[6]

D関係づくり	Eストレスマネジメント	F問題防止	G環境変化への対処	Hボランティア
	○		○	
				○
○	○	○		
○		○		
		○	○	
		○		
			○	
				○
・関係開始 ・協力関係 ・自己制御 ・問題解決	・ストレス認知 ・ストレス対処	・誘拐防止 ・交通安全 ・健康管理 ・安全教育 ・万引き防止 ・喫煙防止 ・薬物乱用防止 ・携帯電話 ・性教育	・家族のサポート ・進級 ・転校 ・卒業・進学	・学校でのボランティア ・家庭でのボランティア ・地域でのボランティア
2 2 2	1 2 2	3 2 5	2 2 2	2 2 2

表 3-2　八つの学習領域で育成

	社会的能力＼学習領域	A 基本的生活習慣	B 自己・他者への気づき、聞く	C 伝える
基礎的	自己への気づき		○	
	他者への気づき		○	
	自己のコントロール	○		○
	対人関係	○	○	○
	責任ある意思決定			○
応用的	生活上の問題防止のスキル			
	人生の重要事態に対処する能力			
	積極的、貢献的な奉仕活動			
	各領域の主テーマ	・あいさつ ・生活リズム ・整理整頓 ・食生活 ・金銭管理	・自己の感情理解 ・他者の感情理解 ・感情理解 ・他者理解	・感情伝達 ・意志伝達
	ユニット数　低学年（合計 18）	4	2	2
	中学年（合計 18）	3	2	3
	高学年（合計 18）	2	2	1

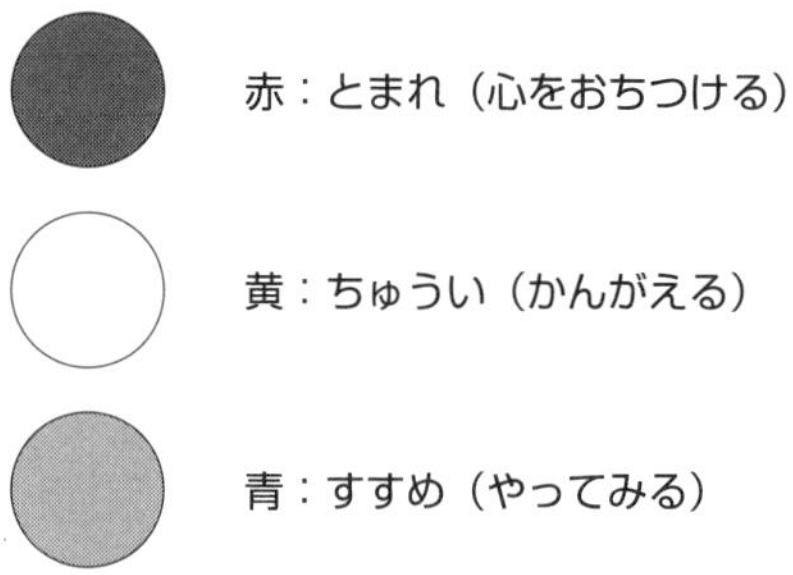
赤：とまれ（心をおちつける）
黄：ちゅうい（かんがえる）
青：すすめ（やってみる）

図 3-2 「こころの信号機」モデル

する」といった表現で説明します。そして次の黄色信号は「注意」で、どうしたらいいかいろいろ考える段階です。「どうして割り込むの?」と聞く、自分の後ろに並んでいる子といっしょに「並んでるから、後ろに回って」と言う、先生に言う、といった方法が考えられます。最後は「青信号」で、これらのなかで最も良い方法を選んで実行します。

一度説明しただけでは身につきませんから、他のいろいろな場面を紹介します。ボールを横取りされた、校庭で別のグループの子がぶつかってきた、廊下で突き飛ばされたといった状況での「こころの信号機」の使い方を考えさせます。

次は、ロール・プレイングです。上の状況のどれかを選んで、実際の対応を練習します。低学年であれば、こころの状態を示す赤・黄・青のカードを用意して、今どの状態かをカードで示させるのもよいでしょう。

このように学習が進みますが、教室での学びだけでは怒りの爆発をコントロールする方法を身につけるのは困難です。日常生活のなかで使えるように励ます、よくコントロールできている子がいたら褒める、またこうして褒めることによって周囲の子に良いモデルを提示する、といった働きかけが必要です。保護者に協力を求めて家庭でも学校と同じような指導をするなら、さらに効果的です。こうした本人の体験や環境から受ける影響がＥＩを高めることにつながります。ＥＩを後天的に獲得できるプロセスがここにあります。

中学校におけるＳＥＬ-８Ｓプログラムの授業例

中学校は義務教育の最終段階にあたり、より深く自己を理解させるとともに将来の自分の生き方についての考えを深めさせる必要があります。そのため、中学生用ＳＥＬ-８Ｓプログラムには、八つの学習領域の一つとして「進路」が設定されています。

「進路」の学習領域のなかの「自分の進路について考えよう」を紹介します。ここでは、①なりたい職業を設定する、②その職業に就くための経路（ルート）をできるだけ多く調べる、③各経路に必要な準備や基礎資格を調べる、④自分に一番適した経路を選択するという４段階のステップを学習します。**図3-3**に、学習で例示する建築家の場合の記入例を示しました。この学習では、調べ学習がありますから、生徒は情報収集をしなければなりません。そして、現時点でのなりたい職業とそこに至る経路を決定します。今後、希望する職業が変わった場合でも、そこへの経路の選択方法が身についていれば、この方法を適用できます。

この学習は、実は日常のトラブルを解決するときの方法を進路選択に応用したものです。トラブルの解決法は、①ゴールを決めて（例、仲直りをする）、②そこへの到達方法をいくつか考え（例、手紙を書く、友達に仲介してもらう）、③結果を予想し（例、手紙だと○○、仲介だと△△）、④最終決定する（例、仲介してもらう）という四つのステップは、「見通しをもって行動する」という行動パターンの基本形です。いったんこの行動パターンを身につけると、さまざまな場面で活用できる原則なのです。

ここで紹介した学習は、状況の判断や直接の対人関係に関するものではありません。しかし、自己の将来の生き方に積極的に取り組むという意味で、内なるエネルギーを適切に方向づけ活用するというＥＩの重要な側面を扱ったものといえるでしょう。

「私の夢」 プリント（記入例）

●年　×組　▲番　氏名　●●　■■

◆進路決定プロセス表

①目標を決める！

（目標：具体的な職業）

建築家になる

②目標達成への道！

目標を達成するために、必要な学歴・資格を取る方法を書きましょう。

A	B	C
大学の建築コース →建設会社 →1・2級建築士	工業高校 →建設会社 →1・2級建築士	建設会社 →1・2級建築士
大学受験	高校受験	会社の面接

③そのために、今できること！

②で考えたA・B・Cの道の中で、最も実行性が高いものを一つ選んで□に記号を書き、選んだ道に進むために自分が今できることを具体的に書きましょう。

B

数学（図形）・理科の授業をちゃんと聞く。

いろんな書物を見る。

図 3−3　「私の“夢”」の学習プリント記入例 (7)

◆絵③～⑦(気もちカード)

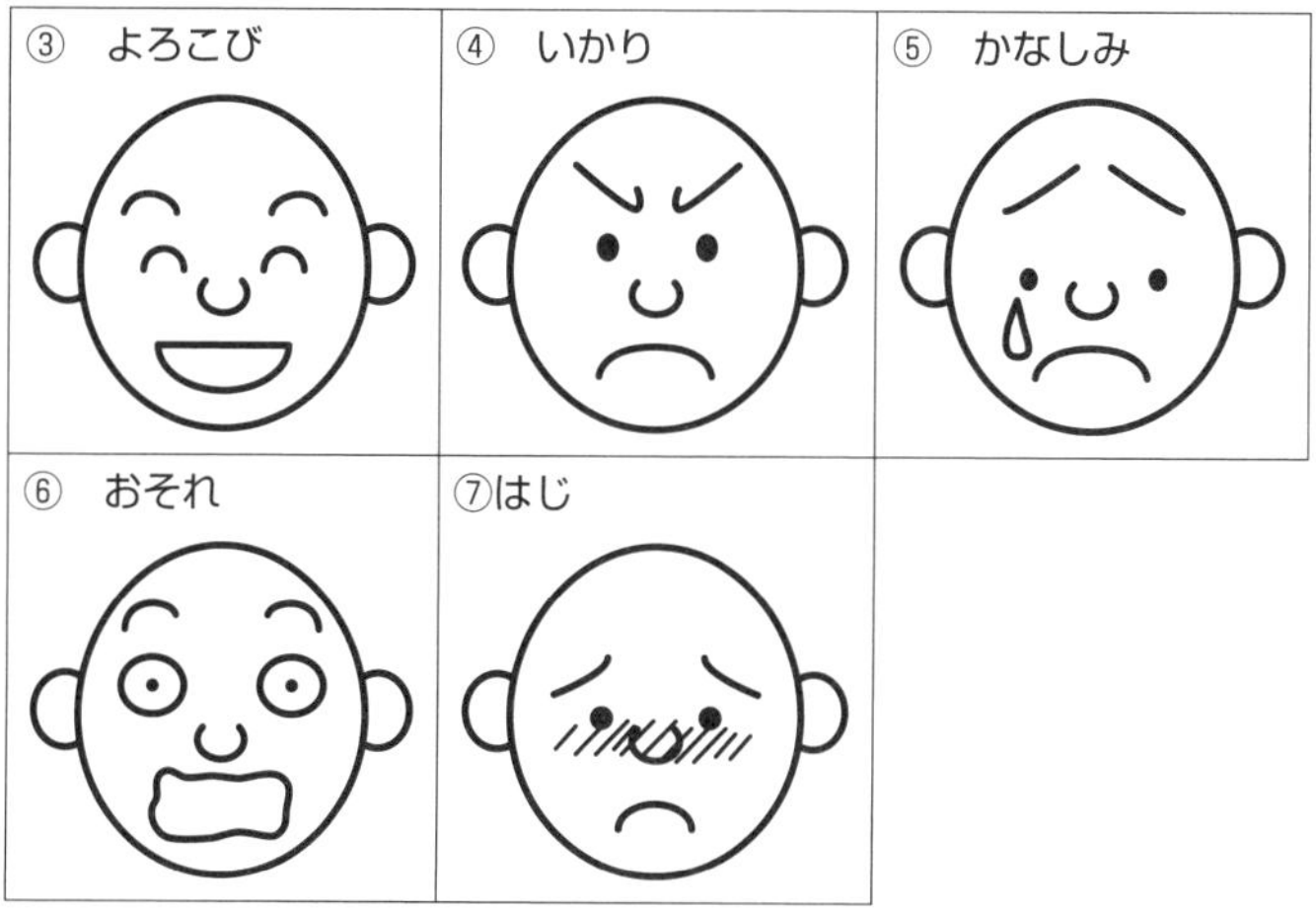

図 3-4　「いろんな気もち」（小学校低学年）の教材 [6]

今後の取り組みに向けて

現在、小中学校ではＳＥＬ－８Ｓプログラムに限らず、社会的能力を育成する学習プログラムが少しずつ普及しつつあります。この傾向は、今後さらに強まると予想されます。その際、中途半端な実施状況とならないように、目的を明確に定め計画を立てて実施すること、また学級間で取り組みにバラつきが生じたりしないように、学校全体で組織的に取り組むのが効果的です。

さらに、幼稚園や保育所でも発達段階に合わせて、社会的能力を育てるための適切な学習プログラムを今以上に実施する必要性が高まると予想されます。**図３－４**は、小学校低学年での感情理解についての学習プリントです。たとえば怒りのコントロールには、まず「自分は今、怒っている」というように自分の感情を認識する必要がありますが、それは怒りと他の感情を区別することから始まります。こうした学習は、実は小学校入学前から始めるとさらに効果的ではないかと考えられます。

一方、一定水準の社会的能力が身についていると予想される高校段階でも、それまでの生育過程で、何らかの理由で社会的能力が習得できていない生徒については、それを身につけるための支援が必要です。幼児から高校生までの幅広い成長過程で、社会的能力を身につけさせるための取り組みが必要になっているのです。

3　SEL-8Sプログラムの教育効果

教育効果の測定方法

社会的能力がどの程度身についているのかを測定するのは、それほど簡単ではありません。周囲の大人が子どもの日頃の行動を見て、たとえば挨拶をしている、しっかり自分の意見が言えた、すぐにキレずに対処できたといった点を確認する程度です。教育効果を確認するためには、こうした行動面の評価を大人である教師だけでなく、日常的に接している子ども同士が相互に評価する方法があります。

また、子ども自身が自分をどう見ているのかという自己評価があります。これは、アンケートの項目に何段階かで回答するもので、かなり広く実施されています。ただし、どういう基準で答えているのかは子どもによって異なります。周囲からは「よくキレる」と見られていても、本人は「もっとひどい人がいる」と思えば、「それほどキレない」と回答してしまいます。ですから、評価結果の解釈には注意が必要です。

さらに学校では、子ども個人ではなく、学級や学年全体あるいは学校全体での傾向が注目されます。例えば「今年の1年生は、ケンカやいざこざが目につく」といった感想が教師の間で話されます。ですから、子ども個人なのかあるいは集団なのかといったレベルの違いにも注意する必要があります。

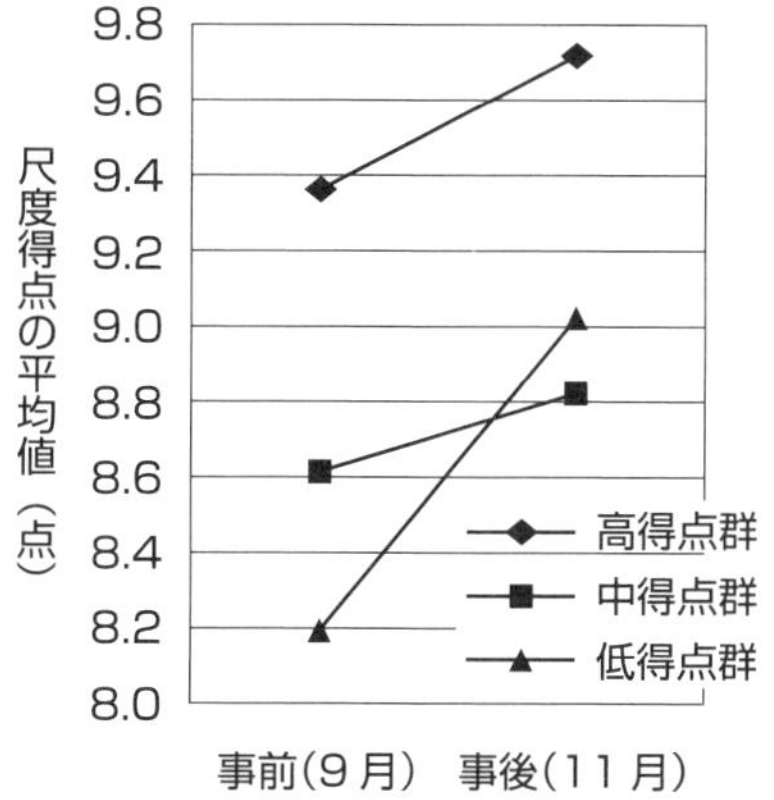

図 3-5　中学 2 年生の「積極的・貢献的な奉仕活動」の自己評価得点の変化[5]

報告されている教育効果

ＳＥＬ－８Ｓプログラムを実施しての効果としては、小中学校のどちらでも、教師による評価で、子どもの社会的能力の高まりを確認しています。また、子どもの自己評価でも同じような効果が確認されることがありますが、先に説明したように、他者と比較して高くなったり、逆にＳＥＬ－８Ｓプログラムを体験することによって自己評価の基準が厳しくなり、結果として評価点があまり変化しないこともあります。

ここで興味深い結果として、クラスのなかでも同じ学習によって学習効果に差が見られることがあるということが報告されています。**図3-5**に示したのは、中学2年生がＳＥＬ－８Ｓプログラムの実施前に回答したアンケートの尺度得点によって、生徒を高得点群、中得点群、低得点群の三つの群に分け、プログラム実施前後の得点変化を示したものです。最初に低得点だった生徒に学習効果がよく現れていることがわかります。こうした結果は、「計画的にしっかり実施するとクラスが落ち着く」という、指導した教師の感想を裏づけるものです。

4　ＳＥＬの世界的動向

ここまでは、日本でのＳＥＬ実践について説明してきました。本節では、世界各国で広く実施されているＳＥＬの実施状況について説明します。なお、ＳＥＬのプログラムや関連する情報は、キャセル（Collaborative for Academic, Social, and Emotional Learning：ＣＡＳＥＬ）という研究機関が取りまとめ、ＳＥＬを実践したい教育者の支援や研究者に対する情報提供などさまざまな活動を展開し、それらのすべてをウェブ上に公開しています。

アメリカ

アメリカでは、２００２年に「落ちこぼれなしの学校法」（the No Child Left Behind Act）が成立しました。これによって、学校は退学や落第がなく学力格差のない、そして薬物問題のない安全で健全な学校作りを迫られることになります。[4] この法律では特に子どもの学力向上が重視され、個々の学校で定めた学力に関する目標の達成状況によって、学校は評価されることになりました。そのため各学校は、学力テストの得点を上げることに集中し、子どもの社会的な発達への関心は低くなっていきました。しかし、次第に安全な学校環境や個人の精神的な健康が、学力向上における重要な基盤となることが理解され始め、子どもの社会的・感情的な発達を促すＳＥＬへの関心が高まりました。

現在、アメリカ全土の学校でＳＥＬが広く実施されています。たとえば、コネチカット州ニューヘブン市では、幼稚園児から12年生（高校３年生）までのカリキュラムを作成し、地域を巻き込んだＳＥＬが10年以上実践されています[4]。また、幼児教育段階においては、ほぼすべての州がＳＥＬに関するガイドラインを示し、ＳＥＬの教育目標を定めています。さらに、イリノイ州では幼稚園から高校までのＳＥＬに関するガイドラインが示され、一貫したＳＥＬ教育が実施されています。

カナダ

カナダでは、いじめや暴力行為の問題、そして幸福感の低さからＳＥＬが導入されました。実施しているプログラムの多くはアメリカで開発されたものですが、カナダで開発されたＳＥＬプログラムもいくつか含まれています。たとえば、ブリティッシュ・コロンビア州では、幼稚園児から高校生を対象とした「ソーシャル・リスポンシビリティ」と呼ばれる州独自のＳＥＬプログラムが、読み・書き・算数に並ぶ主要な枠組みとして位置づけられています。さらに、ブリティッシュ・コロンビア州では、ＳＥＬに関する教師教育にも力を入れており、州の大学や大学院ではＳＥＬの実践に必要な知識や評価方法などＳＥＬの専門性を学ぶことができます。

イギリス

ヨーロッパでは、イギリス、ポルトガル、スペイン、オランダ、ドイツ、スウェーデン、フィンランドなどで、１９９０年代初頭から次第にＳＥＬが実施されてきました。その背景として、主にいじめや暴力に関する問題、移民政策に関する問題などが挙げられます。たとえば、イギリスでは「ＳＥＡＬ」（Social and Emotional Aspects of Learning）、ポルトガルでは「パーソナル・ソーシャル・エデュケーション」、オランダでは「スキル・

フォー・ライフ」というように，国によって名称は異なりますが，いずれも子どもの社会的・感情的なスキルの獲得をねらいとした取り組みが行われています。

そのなかからイギリスのＳＥＡＬを紹介します。

A　SEAL

イギリスでは長い間，学力重視の教育が行われてきましたが，世界情勢の変容とともに子どもの社会的な発達の重要性が叫ばれるようになりました。そして２００７年，イギリス政府は子どもの社会的・感情的スキルの育成を支援するために，ＳＥＡＬをナショナル・カリキュラムの一つに位置づけました。ＳＥＡＬでは，自分の考えや気持ちの理解を深める「自己への気づき」，気持ちの表現の仕方や気持ちを落ち着かせる方法などを学習する「感情の管理」，主体的な目標設定や計画立案に関する「モチベーション」，他者の気持ちの理解やサポートの仕方に関する「共感性」，友人との人間関係や葛藤解決に関する「社会的スキル」の五つに焦点が当てられています。政府はこれらの枠組みを提供し，学校の実践をサポートする立場を取っているため，学校ごとに実態に応じたプログラムが実施されています。２０１０年の段階で，イギリス全土の小学校（4～11歳）の約90％，日本の中学校・高等学校にあたる中等教育学校（11～18歳）の約70％でＳＥＡＬが実施されています。今後，イギリス政府は，すべての小学校および中等教育学校で導入することを予定しています。

B　サークルタイム

なお，ＳＥＡＬの活動では「サークルタイム」という手法がよく用いられています（図3-6）。これは参加者全員が円になって座り，ある問題やテーマについてお互いの考えや気持ちを交流する活動のことです。たとえば「嬉しくなるのは，どんなときですか」というテーマについて，参加者全員の意見を交流します。子ども

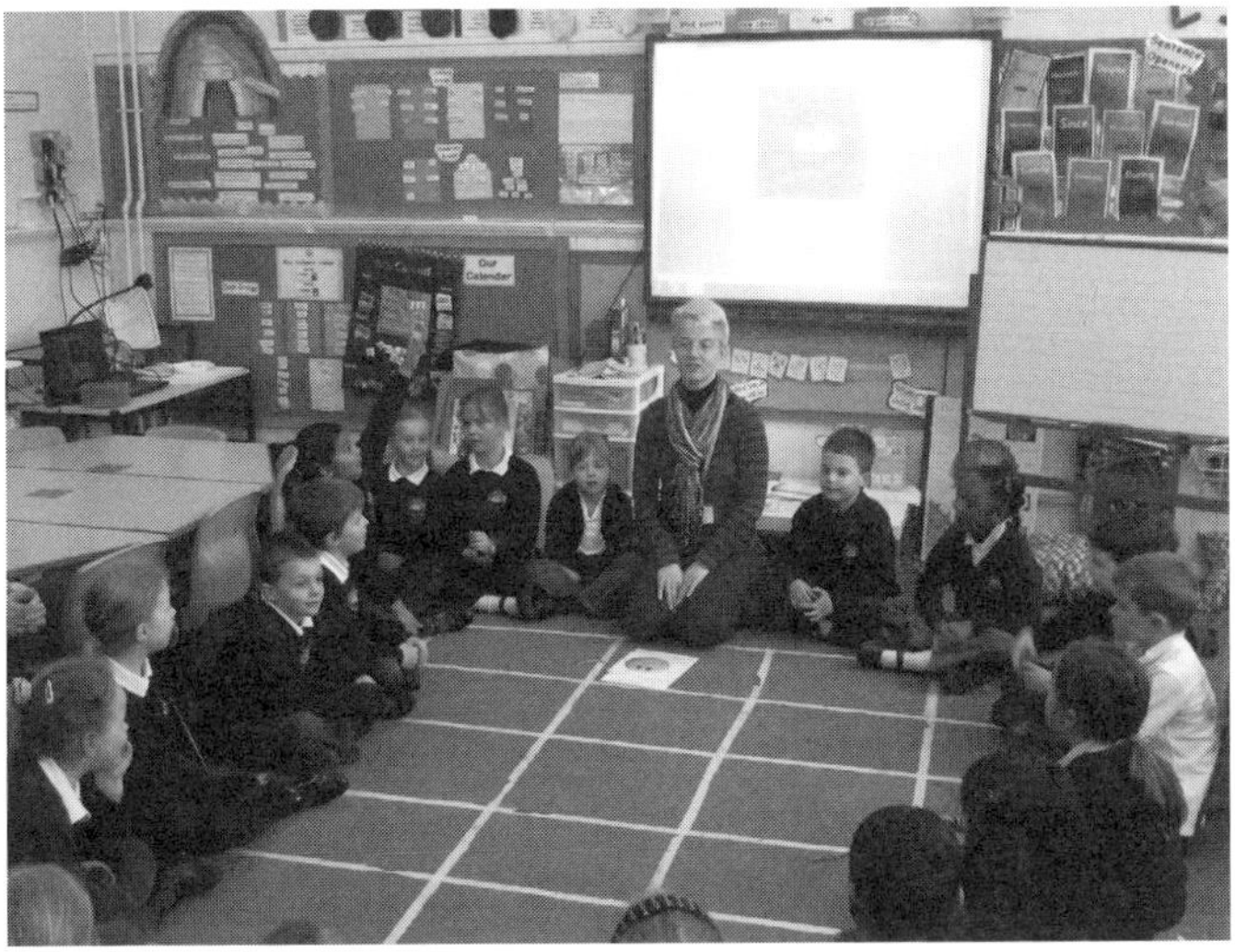

図3-6　サークルタイムの様子

は相手の意見を聞きながら他者の気持ちの理解を深め、また自分の意見を発表することで自己理解を深めることができます。サークルタイムの活動時間は15分から30分程度です。話し合うテーマは、友達に親切に接する方法や人の話を聞く方法などの他に、実際にクラスで起こった問題について意見を交流することもあります。

オーストラリア

アジア・オセアニア地域で盛んにＳＥＬが実践されている国に、オーストラリアが挙げられます。オーストラリアでは、１９９０年代に18～24歳の若者の約４人に１人が不安神経症、情緒障害、薬物障害を経験したことがあるというほど、若者の深刻なメンタルヘルスや幸福感の問題に直面しました。この問題の改善が急務となった政府は、国家プロジェクトとして中等教育学校で行うメンタルヘルスと幸福感の発達をねらいとした「マインド・マターズ」と呼ばれるプログラムを開発しました。

A　マインド・マターズ

マインド・マターズは，思いやりをもってお互いを支え合えるような学校環境作りを目指した予防・開発的なプログラムです。政府が提供する授業教材のなかには，いじめや自殺の予防，悲しみや喪失感への対処といったメンタルヘルスの改善に関する教材が多く含まれています。また，政府はマインド・マターズに関する専門性を高めるための教員研修を定期的に開催しており，これまでにオーストラリア全土の中等教育に携わる教職員のうち，約80％が研修に参加しています。

２０００年に本格的に実施が始まってから２０１０年の時点までに，約65％の中等教育学校でマインド・マターズが継続的に実施されています。

B　キッズ・マター

また，中等教育学校でのマインド・マターズに続いて，小学校段階の「キッズ・マター」が開発されました。キッズ・マターは，小学生のメンタルヘルスと幸福感の改善，メンタルヘルス問題の減少，メンタルヘルス上の問題を経験した子どもに対する強力なサポート体制の構築をねらいとした包括的な取り組みで，ＳＥＬは予防・開発的な取り組みとして重要な役割を果たしています。ＳＥＬの授業を通して，不安や恐怖感情の対処，怒り感情の対処，ポジティヴな人間関係を構築するスキル，意思決定と問題解決，葛藤解決などを学びます。２０１０年の段階で，約４００の小学校がキッズ・マターを実施しています。今後オーストラリア政府は，さらに多くの小学校でキッズ・マターが実施できるように計画を進めています。

アジア

アジア地域においては、たとえば香港では、ＳＥＬと同様のねらいをもったＰＧＥ（Personal Growth Education）という取り組みが実施されています。これは、自己の発達、社会的な発達、学問的な発達、キャリアの発達を目指しており、すべての小学校で実施されています。ＰＧＥの学習内容は、学校の実態や子どものニーズに応じて異なりますが、主に、問題解決、自己マネジメント、他者尊重、ストレス・コーピング、葛藤解決といったスキルの習得を目指しています。この他にシンガポールでＳＥＬの実践が進められるなど、アジア地域においてもＳＥＬへの関心がますます高まっています。

第4章

感情知性（ＥＩ）を育む児童自立支援施設の試み

1 はじめに

私たちは、Ａ県の児童自立支援施設「Ｂ学園」において非行経験のある子どもたちを対象に、再犯防止プログラム「ＳＥＬ-８Ｄ」を実施しています。この取り組みは平成22年から継続して行っています。ＳＥＬ-８Ｄは、認知行動療法[*1]という技法に基づいたプログラムです。これは子どもたちの感情知性（emotional intelligence：以下ＥＩ）を行動的側面から育成することによって、再非行・再犯防止を図ろうとするものです。この章では、まず児童自立支援施設について解説し、次に同施設に入園している子どもたちの心理的特徴、さらにはＢ学園におけるＳＥＬ-８Ｄの実践およびその効果について解説します。

2　児童自立支援施設とEI

児童自立支援施設とは

児童福祉施設の一つに児童自立支援施設があります。名称からは想像しにくいかもしれませんが、非行経験のある子どもたちを更生する非行臨床機関です。「非行」とつくと、多くの方は少年院をイメージするかもしれません。つまり、高い塀や鉄柵に囲まれた閉鎖的な施設において、少年たち（少年法では20歳に満たない者を、男子も女子も含めて「少年」と呼びます）が厳しい規律の下で集団生活を行っているイメージです。しかしながら、児童自立支援施設はそのようなイメージとは大きく違っています。(7) ここでは、児童自立支援施設を少年院と対比させることにより、児童自立支援施設の特徴について解説します。

少年院と児童自立支援施設は、同じ非行臨床機関ではありますが、①設置根拠となる法律や所管する省庁、②施設の特徴や指導方針（理念）、③対象の少年（児童）などが異なります。

少年院は少年法に基づいて設置された矯正教育施設であるのに対して、児童自立支援施設は児童福祉法に基づいて設置された児童福祉施設です。したがって、それぞれを所管する省庁も異なり、少年院の所管省庁は法務省であるのに対して、児童自立支援施設の所管省庁は厚生労働省となります。(7)

矯正教育施設であるのか、あるいは児童福祉施設であるのかという両施設の違いは、子どもたちに対する指導理念、さらには施設の外観にも見てとれます。少年院の指導方針は、厳格な規律の下で集団生活を行わせる

＊1　否定的で合理的とはいえない歪んだ認知（受け止め方や考え方）を修正し、不適切な考え方や問題行動を修正する介入法。

ことにより、人として成長させることです。[2] 子どもたちの自由を制限するために、施設は塀や壁で囲まれ閉鎖的なものになっています。

これに対して、児童自立支援施設の指導方針は少年院とは大きく異なっています。児童自立支援施設では、夫婦が施設内の寮に職員として住み込み、子どもたちといっしょに暮らします（このスタイルは「小舎夫婦制」と呼ばれます）。児童自立支援施設に入園してくるのは、家庭環境に恵まれなかった子どもたちが多いのです。彼らには家庭の愛情が不足していたため、非行に走ったとも考えられます。そこで児童自立支援施設では、子どもたちと寝食をともにしながら家庭的愛情を与え、「育て直し」を行うことが指導理念となります。そのためにも施設は、普通の家と同様に、塀や壁がない開放されたものとなっています。[2][3][7] これらのことからも、児童自立支援施設が非行臨床機関の一般的イメージとは随分異なっていることが、おわかりになったかと思います。

しかしながら、児童自立支援施設の理念である小舎夫婦制度は、夫婦で働くことができる職員を確保するのが難しくなっていること、また毎日昼夜問わず子どもたちと接しており厳しい労働条件であることから、職員交代制（ローテーションによる交代勤務）としている児童自立支援施設が増えています。私たちがＳＥＬ-８Ｄを実践しているＡ県立Ｂ学園でも、小舎夫婦制ではなく職員交代制の形態が取られており、学園の職員が交代で寮に寝泊まりして子どもたちといっしょに生活しています。

Ｂ学園について

Ａ県立Ｂ学園は、Ａ市に隣接する町にある児童自立支援施設です。学園内には小学校や中学校の分校も併設されています。学園にはＡ県内の小学生・中学生などが30名程度在園しており、学園内に併設されている寮において職員の指導を受けながら規則正しい共同生活を送っています。Ｂ学園はスポーツを通じたグループ指導を行っており、男子は軟式野球、女子はバドミントンに取り組んでいます。児童自立支援施設の子どもたちが参加する全日本少年野球大会では、B学園は優勝を重ねている強豪校でもあります。

B学園の教育理念は「入園までの生活で身につかなかった大切なことをしっかりと身につけ、習慣化した不必要なものを自分自身の努力で克服すること」です。つまり寮での日常生活、たとえば、挨拶、食べ物の偏食克服、洗濯の仕方や洗濯物のたたみ方、掃除、身の回りの整頓などを通じて、社会で適応的に生きる力を身につけることです。

B学園に入園している子どもたちの特徴

B学園（以降、学園と称する）に入園している子どもたちは、ほとんどが過去に窃盗（自転車盗やオートバイ盗）や傷害、深夜徘徊、家出、援助交際などの非行や虞犯行為を行っています。彼らの知的能力と心理的性質については多くの共通点が見られます。

まず、知的能力については、知的障害（知能指数が70以下）まではないものの、ボーダーラインレベル（知能指数が70以上85未満）の子どもたちが多くいます。知的能力の不足は非行の原因や促進要因として作用すると考えられています。[6] 学校での学業不良は、クラス内での不適応や孤立、また自尊心や自己効力感の低下につながりますので、彼らが学園に入園することになった一つの原因であると考えられます。

知的能力は、動作性知能（知覚判断や運動制御などに関わる知的能力）と言語性知能（言葉の理解や運用などに関わる知的能力）の二つの能力に分けられます。非行・犯罪の経験がある者や学習障害がある者は、動作性知能に比べて言語性知能が低いことが知られています。[6] 言語性知能は思考ツールでもある言語に関係する知的能力であり、この能力が低いと、抽象的な概念や複雑なルールを理解すること、文字や口頭だけの説明を理解することが難しくなります。実際に学園の子どもたちと接してみると、こちらが説明した課題やルール、あるいはこちらからの問いかけなどに対して理解に時間がかかったり、「わからない」「できない！」「無理！」などとチャレンジする前から諦めてしまうことが多くあります。これらは、おしなべて学園の子どもたちの言語的な理解能力の不足を反映しているものと理解しています。

一方、学園の子どもたちの心理的性質については、次のような共通点が見られます。①基本的な社会スキルや社会規範が身についていない、②行動や感情のコントロールが苦手、③自己評価が低い、④他人の気持ちを推察するのが苦手であり自己中心的、⑤自分の気持ちや考えを表現することが苦手、⑥対人不信感が強い。これらは感情の理解やコントロール、自分自身に対する価値観（自尊心）、また社会生活における適応能力と関係しています。つまり、これらはＥＩを構成する下位要素とも捉えられることから、学園の子どもたちはＥＩが十分に発達しているとはいえない状態なのです。

さらに、学園の子どもたちのなかには、発達障害と呼ばれる、感情の理解や調整、情報の的確な理解、行動の統制などにハンディキャップが見られる子どもたちもいます。発達障害にはさまざまな種類があり、障害ごとに特徴が異なります。たとえば、他人の気持ちを推測することができない、衝動的でじっとしていられない、こだわりが強い、ルールや決まり事を守らないなどです。このような特徴から学業や友人との付き合い、家庭において対人的トラブルが起きやすく、孤立化や自尊心の低下を招き、非行の道に進みやすくなると考えられています。

B　学園でのＥＩを育む取り組み

すでに述べた通り、児童自立支援施設では子どもたちは寮職員とともに家族的生活を送っています。その生活のなかで，子どもたちは間違いを正していき，これまで身につけていなかった技能や習慣を獲得したり，誤って身についていたものを修正していきます。この繰り返しとその積み重ねによって成長していくことが期待されています。しかしながら，このような日常生活を通じての働きかけは，生活面で現れにくいものは改善も向上もされにくいことが指摘されています。[2] 生活面で現れにくいもの，たとえばＥＩの問題については，従来の生活指導によるアプローチでは行き届いたケアが必ずしも行われていないと考えられます。

そこでＢ学園では平成22年の秋より，ＥＩの改善・向上を目的として心理教育プログラム「ＳＥＬ-８Ｄ」(Social and Emotional Learning of 8 Abilities for Delinquency) を一部の子どもたちに対して試行しています。このＳＥＬ-８Ｄとは小・中学校などの教育機関向けの心理教育プログラム「ＳＥＬ-８Ｓ」(Social and Emotional Learning of 8 Abilities at the School) をベースにし，非行少年向けに調整・変更したプログラムです。ベースとなったＳＥＬ-８Ｓは，子どもたちの社会適応能力，とりわけ対人関係能力と自尊感情を効果的に育成するプログラムであり，Ａ県内のいくつかの小・中学校ですでに実践されています。ＳＥＬ-８Ｓで育成する対人関係能力のなかには，学園の子どもたちが苦手とするＥＩの下位要素も含まれており，まさに学園の子どもたちにとっても効果的なプログラムであると考えました。

当初は学園の子どもたちに対し，ＳＥＬ-８Ｓをそのままの形で実践することを予定していました。しかしながら，ＳＥＬ-８Ｓの指導方法や教材を検討していくうちに，学園の子どもたち向けに調整・変更する必要があると考えました。最も懸念されたのが，学園の子どもたちの言語性知能が十分に発達していないことです。言語性知能の不足は，言葉による解説・教示，また抽象的な状況設定などを行う際に制約となってしまいます。このような制約があるため，ＳＥＬ-８Ｄではできる限り言葉による説明や教示を用いることなく，行動を通じてスキルの習得，ひいては認知・感情の変容を目指すことにしました。

そこで，ＳＥＬ-８Ｓに認知行動療法の一種である社会的スキルトレーニング (Social Skills Training：以下ＳＳ

T）の手法を取り入れて、SEL-8Dを開発しました。

SSTは主にコミュニケーションに関する社会生活技能（たとえば、挨拶をする、頼み事をする、頼まれたことを断るなど）を習得することを目的としたトレーニング手法です。もともとSSTは統合失調症の患者に対して社会で生活するためのスキルを回復させるために使われていたものです。しかしながら、現在ではその有効性が広く知られるようになり、多くの少年院で、出院後の勤め先でのマナーやトラブル処理、不良交友関係の断絶などのスキルを習得するために利用されています。

SSTの大きな特徴は手順が構造化されていることにあります。構造化は二つのメリットをもたらしています。まず一つは、手順があらかじめ決められていることから、それに従えば誰にでも実施できるようになっていることです。もう一つは、手順が明確に決まっていることから、見通しをつけることや慣れない場面が苦手な発達障害を抱える子どもにとっても理解しやすく、有効なトレーニングとなっていることです[4]。

SSTの具体的な手順は、少人数（4〜8名ほど）のグループで、習得するスキルのお手本を観察（モデリング）した後、自ら実演し（ロールプレイ）、その結果について参加メンバーからポジティヴなコメントがフィードバックされるというものです。メンバーからのポジティヴなコメントは、自分のスキルや自信の獲得につながり、習得したスキルを、日常的場面でも積極的に利用するきっかけにもなります。こうしたSSTの一連の手順を取り入れることにより、SEL-8DはSEL-8Sと比べ、行動面から働きかけるプログラムであることがより明確になっています。

SEL-8Dは子どもたちの行動面に働きかけること以外にも、次のような特徴を備えています。①子どもたちの感覚や感性に訴える視覚的教材、②子どもたちに覚えやすいフレーズ（ゴロ合わせ）などの積極的活用です。①の視覚的教材は子どもたちの言語理解能力の低さを補い課題への理解を深めてもらうためのものです。ポスターや学習教材にイラストやマンガ的表現を随所に取り入れることにより、文字や文章を読まなくても理解できるように工夫しています。②については新しいスキルを身につける際には、どうしてもコツやルールを覚えなければなりません。この覚えねばならないコツやルールについては、ゴロ合わせで教示することにより子どもたちの認知的負担を軽減し、スムーズに覚えられるようにしています。

3 児童自立支援施設での「SEL-8D学習プログラム」の概要

ここまで児童自立支援施設と、そこで生活している子どもたちの心理的特徴の解説を行い、B学園におけるEIを育む取り組みとしてSEL-8Dを紹介しました。ここからは、SEL-8D実践についての具体的な解説を行います。この第3節では、SEL-8Dの全体的概要やプログラムの流れについて解説した後、いくつかの例をもとに実際のプログラム内容を紹介します。続いての第4節では、SEL-8Dの実践効果と今後の課題について述べます。

全体的概要

A 実施時間・実施回数

プログラムの実施時間は1回1時間程度です。それ以上の時間になると子どもたちは集中して課題に取り組めなくなってしまいます。実施頻度は平均して月2回、半年間で合計10回程度を1クールとしています。児童自立支援施設は子どもによって在園期間が大きく異なり、短期間で退園する子どもも多くいますので、SEL-8Dもなるべく短期間で終了するようにしています。

B　グループ人数

ＳＥＬ-８Ｄは少人数のグループで実施しており、６名程度を限度にしています。これには二つの理由があります。一つ目の理由は、時間的制約です。ＳＥＬ-８Ｄは、子どもたちが一人ずつロールプレイを行い、他の子どもたちはその様子を観察するという形で進行します。これを1時間以内に収めるためには、参加する子どもたちを６名程度に抑える必要があります。二つ目の理由は、子どもたちの注意力や理解力を維持するためです。人数が多くなると、子どもたちはお互いの様子が気になり課題に集中できなくなりがちです。また、子どもたちへのスタッフのフォローも行き届きにくくなります。

なお、ＳＥＬ-８Ｄでは子どもたち同士でペアになって課題に取り組むこともありますので、グループの人数は偶数にしています。

C　スタッフ

ＳＥＬ-８Ｄはプログラムを進行するリーダー1名と、それを補佐するコ・リーダー1名の合計2名で実施できるように作られています。当然、コ・リーダーの人数は多い方がより細かに子どもたちをフォローできますが、多すぎると子どもたちに圧迫感を与えてしまうこともあります。

プログラム前の準備

ＳＥＬ-８Ｄには、誰でもプログラムを実施することができるように、リーダーの発言や予想される子どもたちの応答などを記した詳細な指導案が準備されています。スタッフは事前に各自で指導案を確認しておきます。そして、打ち合わせを行い、リーダー、コ・リーダーの役割とプログラムの進行手順を再度確認します。また、グループに参加している児童に関する直近の情報（その日の体調、問題行動の有無など）を共有し、プログラムを実施する上で特に注意すべき点がないか確認します。

プログラムは学園内の会議室で実施しています。折りたたみ椅子を半円状に並べ、その前にホワイトボードを置きます。椅子を半円状に並べているのは、どの位置からでもホワイトボードやロールプレイなどがよく見えるようにするためです。自由な雰囲気を作るために座席の指定はしていません。しかし、子どもによっては隣同士にすると気が散ってしまうので、その場合は、間にスタッフが入ってフォローする、椅子の間隔を広めに取るなどの工夫も求められます。

プログラムの進行ステップ

ＳＥＬ-８Ｄのプログラムは、基本的に五つのステップ、すなわち、①現状確認・問題提起、②新しい認知的枠組みの教示、③モデリング（スタッフのお手本を見て学ぶ）、④ロールプレイ（子どもたちが実演してみる）、⑤フィードバック（ロールプレイの良かったところを褒める）の順序で構成されています。

ＳＥＬ-８Ｄは、「②新しい認知的枠組みの教示」にゴロ合わせを取り入れており、子どもたちの認知的負担を少なくし、覚えやすくしている点が特徴です。また、「⑤フィードバック」では、「④ロールプレイ」の良かったところを褒めることで、④で行った行動の学習効果を高めます。⑤はスタッフが行うだけでなく、子どもたちも行います。子どもたちは良かったところをフィードバックするために、他の子どものロールプレイをしっかりと観察しなければいけません。しかし、改善すべきところは見つけやすい一方、良いところを見つけることは大人でも難しいものです。そこで子どもたちには、②で教示した認知的枠組みのなかから実行できて

表 4-1　SEL-8D 学習プログラム実施内容

回　数	セッション名	概　略
第１回	導入面接（個人面接）	趣旨説明と目標設定
第２回	「どうぞよろしく」	上手な話し方
第３回	「上手な話の聴き方」	上手な聴き方
第４回	「短所を乗り越える！」	短所の克服方法
第５回	「どうしよう、断れるかな」	上手な断り方
第６回	「友達が怒っちゃった！？」	問題解決の手順
第７回	「相手はどんな気持ち？」	表情認知・表出訓練
第８回	「怒りを知る」	怒り状態の確認
第９回	「怒りをぶつけるとどうなる？」	結果予測と適切な判断
第 10 回	「怒りをコントロールする」	落ち着くための方法
第 11 回	「プログラムを振り返って」	振り返り

いた行動を見つけるように指導しています。これによってどこに注目すればよいかが明確になるので、子どもたちは他の子どものロールプレイを集中して観察できるようになります。また、子どもたちは観察やフィードバックを行う度に教示された認知的枠組みを思い出すことになりますので、記憶に残りやすくなります。

実際のプログラムの紹介

ＳＥＬ-８Ｄは、**表４-１**に示した11個のプログラムを１クールにしています。初回の導入面接のみ個人面接で行っており、残りのプログラムはすべてグループで行っています。これから、ＳＥＬ-８Ｄの代表的なプログラムを四つ（**Ａ「導入面接」**、**Ｂ「どうぞよろしく」**、**Ｃ「上手な話の聴き方」**、**Ｄ「どうしよう、断れるかな」**）取り上げ、紹介します。

Ａ「導入面接」

導入面接ではまず、スタッフから子どもにＳＥＬ-８Ｄの目的や行い方について説明を行い、プログラム参加の同意を得ます。その上で、生活状況を聴取し、プログラム終了までに達成したい目標を決定します。その目標を「契約書」に記入・署名してもらいます。子どもには、プログラム最終回に契約書を再度呈示し、どの程度目標を達成できたか確認することを伝えます。実施期間中、必要に応じて子どもたちと目標の再確認を行います。

B　「どうぞよろしく」

このプログラムは①グループメンバーと親しくなること、②簡潔に自己紹介するスキルを身につけることなどを目的としています。最初に子どもたちの現状確認・問題提起として、今回はみんなと仲良くなるためにゲームと自己紹介の練習をすることを伝えます。

初回ですので、子どもたちの緊張を和らげるためにアイスブレイクを10分程度行います。私たちは、フィーリングバスケットというゲームを用いています。このゲームは、自分に当てはまる個人的な属性（たとえば、「野球部の人」や「姉妹がいる人」など）を呼ばれた子どもたちは席を立ち交換するというルールです。「男子」や「女子」など、誰でも当てはまる属性から始めると、ルールの理解が進み、必ず移動することにもなるので緊張も和らぎます。慣れてきたところで、学園内の話題（たとえば、「〇〇寮の人」）を持ち出したり、皆に共通する属性を子どもたちに考えてもらったりすることで、グループの雰囲気作りを後押しします。

次に、自己紹介に関する新しい認知的枠組みの教示として、上手な話し方のポイントを示したゴロ合わせ「**あしおみてな**（**あ**かるい表情、**し**せんを合わせる、**お**おきな声で、**み**をのりだして話す、**て**を使って表現する、**な**いようが適切）」（**図4-1**）をポスター掲示して教示します。このゴロ合わせポスターはイラスト入りで視覚的にも理解しやすくしています。また、自己紹介のヒントとして「好きな食べ

上手な話し方のポイント
あしおみてな
1. あかるい表情
2. しせんを合わせる
3. おおきな声で
4. みをのりだして話す
5. てを使って表現する
6. ないようが適切
適切

図4-1　ゴロ合わせ教示ポスターの例①

物」や「行きたい場所」、「自分の星座」などのキーワードをポスターで掲示し、少なくとも三つは自分のことについて話すようにさせます。子どもたちはキーワードをヒントに話題を選び、２人一組になって「**あしおみてな**」を意識しながら自己紹介の練習をします。

子どもたちがみんなの前で自己紹介をする前に、リーダーが自己紹介のお手本を示し、モデリングを行います。その際、観察しながら「良かったところ」を見つけるように教示し、終わった後で良かったところを指摘してもらいます。子どもたちが良かったところを指摘できない場合でも、たとえば、「視線はどうでしたか」や「声の大きさはどうでしたか」など、上手な話し方のポイントからヒントを出して発言を促します。子どもたちが良かったところを指摘できたら、リーダーはそのことを褒めて子どもたちのやる気を高めます。

自己紹介のお手本と良かったところの見つけ方を学んだ後、子どもたちは一人ずつ自己紹介をして、他の子どもたちから良かったところのフィードバックを受けます。独自の視点で良かったところを指摘できた子どもがいた場合は、「良いところに気がつきましたね」や「よく見ていましたね」などと特に褒めて積極性をさらに引き出します。さらにスタッフもフィードバックを行い、自分の行動が皆に注目されていること、上手に行えたことが評価されていることを実感させます。

C　「上手な話の聴き方」

このプログラムは①相手が気持ちよく話せる聴き方を知ること、②上手に話を聞くスキルを身につけることを目的としています。話し方、聴き方はプログラムすべての基本となるものです。「導入面接」「どうぞよろしく」、そしてこの「上手な話の聴き方」までは必ずこの順番で実施し、これ以降のプログラムは子どもたちの様子に合わせて順番を組み替えながら実施しています。

このプログラムでは、最初に子どもたちに人の話を上手に聞くことができているかどうかを尋ね、現状を認識してもらい、これから聞き方（聴き方）の練習をすることを伝えます。

次に、聞き手の態度によって話しやすさが変わることを身をもって体験してもらいます。子どもたちは一人ずつ、今日一日の出来事やお昼ご飯のメニューなどについてスタッフを相手に話をします。スタッフは、最初は興味のない態度（よそ見をしている、返事をしないなど）、次に興味のある態度（子どもをしっかりと見る、相づちを打つなど）で子どもの話を聞きます。他の子どもたちは、子どもとスタッフの会話の様子を観察します。2種類の異なる態度の相手に対し、話していてそれぞれどんな気持ちがしたか、話し相手の聞く態度によって話しやすさが変わったか、さらに、聞き手がどんな態度をしているときに話しやすかったかを、一人ずつに尋ね、発表してもらいます。

上手な話の聴き方のまとめ（新しい認知的枠組みの教示）として、ポイントを示したゴロ合わせ「**うめのかさ**（**う**なずく、**め**をみてきく、**か**らだを相手に向ける、**さ**いごまではなしをきく）」（**図4-2**）をポスター掲示して教示します。

最後に、子どもたちが聞き役で一人ずつロールプレイを行い、他の子どもたちやスタッフから良かったところをフィードバックしてもらいます。

聴き方のポイント
うめのかさ
1. うなずく
2. めをみてきく
3. からだを相手に向ける
4. さいごまではなしをきく

図4-2　ゴロ合わせ教示ポスターの例②

D「どうしよう、断れるかな」

このプログラムは、①できないことをはっきりと断ることは自分にも相手にも誠実であることを理解すること、②相手を不快にさせない断るスキルを身につけることを目的としています。

最初に現状確認・問題提起として、誘われたり頼まれたりしたとき、断ることができずに困ったことがあった

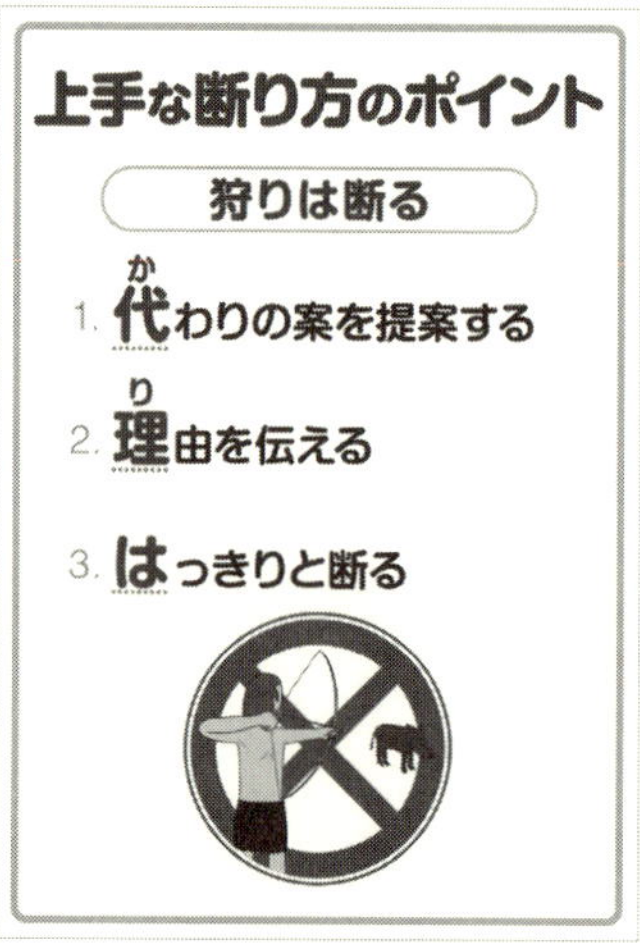

図４−３　ゴロ合わせ教示ポスターの例③

かを各自で考えます。悪い誘いや無理な頼み事を断れなかったことに起因するトラブルは、学園生活のなかで実際に生じています。それにもかかわらず子どもたちからは、「断れずに困ったことはない」との声が聞かれます。子どもたちは先輩のような立場が上の相手からの誘いや頼み事は絶対に断ることができないと思い込んでいるようです。そのため、よく考えないまま相手の求めに応じている印象を受けます。そこでここでは、子どもたちに実際に起こったトラブルや、これから起こるかもしれないトラブルをスタッフが具体的に示し、断るべき場面があることをしっかりと確認します。その上で、上手な断り方を練習する必要があることを伝えます。

次に、新しい認知的枠組みの教示として、上手な断り方のポイントを示したゴロ合わせ「**狩りは断る**（**代**《か》わりの案を提案する、**理**《り》由を伝える、**は**っきりと**断る**）」ポスターを掲示します（**図４−３**）。この三つは相手を不快にさせないように断る方法です。相手から危害を加えられそうな状況では、まず逃げること、自分で抱え込まず大人に相談することも併せて教示します。

スタッフがお手本を示しモデリングを行うと、今度は子どもたちがロールプレイを行います。ロールプレイでは、断るべき場面がイラストで示された15種類の「断る場面カード」を使います。それぞれのカードには、悪い誘いを受ける場面（例、友達からいっしょにたばこを吸おうと誘われた）や、自分にとってはマイナスなことを頼まれる場面（例、次の授業で使わなければならない教科書を貸して欲しいと頼まれた）が描かれています。子どもたちはカードを引き、その場面でどう断るのかを考えてからロールプレイを始めます。

ロールプレイでの誘い役はスタッフが担当します。誘い役のスタッフはさまざまな理由を述べ、何度も誘い続けます。子どもがその都度、断ることができたなら、誘い役は諦めることを告げてロールプレイを終了します。このとき、子どもが誘い役をやってみたいと希望することがよくあります。しかし、これは悪い誘いや相手に無理強いすることを学習させることになりますので望ましくありません。

ロールプレイ終了後、他の子どもたちやスタッフから良かったところについてフィードバックを受けてプログラムを終了します。

この「どうしよう、断れるかな」のプログラムについては、「断りたくても怖くて断れないという問題を解決できていない」との指摘をいただくことがあります。確かに断ることは大人にも難しいことです。しかし、自分で断り方を考えて実際に行ってみたことと、ロールプレイでうまく断れたという経験は、現実の断るべき場面において行動の選択肢を増やすと考えています。このプログラムを学んだ後も、現実の場面では断れないことがたくさんあるでしょう。しかしプログラムでの学習経験は、後で冷静になったときに、「あのとき、こうやったら断れたのかな」と振り返るきっかけになると考えています。この振り返りができるようになるだけでも、一歩前進しているのではないでしょうか。

4　SEL-8Dの効果と今後の課題

SEL-8Dの効果

ここでは、半年の間に、5名の子どもたちに対し、全11回のSEL-8Dプログラム（表4-1）を実施した効果[5]について述べます。評価方法としては、子どもたちへのアンケートによる評価と、職員の行動観察による評価の二つを併用しました。

アンケート調査は、学園の児童全員を対象に、ＳＥＬ-８Ｄの導入前と導入後（全プログラム終了後）の２回実施しました。アンケートの内容は、自尊感情、規範意識、対人関係能力、およびストレスコーピングなどに関するものです。このアンケートは、子ども自身が自分にどのくらい当てはまるかを自己評価します。アンケートの結果、ＳＥＬ-８Ｄを学習した子どもは、ＳＥＬ-８Ｄ導入後、自分の感情を制御する能力、自尊感情、ストレスコーピングの一部である問題解決能力が向上していました。また、ＳＥＬ-８Ｄに参加した子どもは、同学園のＳＥＬ-８Ｄに参加していない子ども（15名）と比べて、サポート希求能力（困ったときに誰かに相談する能力）や問題解決能力の伸び幅が大きいことが明らかになりました。

さらに、学園職員による行動観察によっても、導入前に比べ、ＳＥＬ-８Ｄを学習した子どもに質的な向上が見られたことが報告されています。たとえば、大勢の前で話すことが苦手だった子どもが、自信をもって大きな声で話せるようになっています。また、落ち着きのなかった子どもが、着座して相手の話を聞くことができるようになっています。

これらの結果はＳＥＬ-８ＤにＥＩを育む効果があることを示すものといえるでしょう。しかし、ＳＥＬ-８Ｄをより効果的なものにするためには、まだ課題が残されています。次項では今後の課題について述べます。

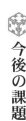

今後の課題

Ａ　日常生活への応用

プログラムの最終回に、これまでプログラムでどんなことを学んだかを尋ねると、子どもたちはロールプレイの内容やゴロ合わせによる教示のことをよく覚えていました。これは、ＳＥＬ-８Ｄの学習効果が高いことを示しています。しかし、知識としては覚えていても、学んだことを日常生活に活かすことまでは必ずしもできていません。現状では月2回のプログラムのなかでしか、SEL-8Dで学んだことを使ったり思い出したりする機会がありません。学んだことにふれる機会を日常的に設け、SEL-8Dの効果を定着させることが今後の課題の一つです。

現在、日常生活のなかでも、何かきっかけがあれば学習したスキルを使うことができています。たとえば、子どもが話を聞いていないときに、「人の話を聞くときはどうするのでしたか」と声かけをすると、子どもは上手な聴き方のポイントの「**うめのかさ**」を思い出し、相手の目を見ながら話を聞きます。このようなきっかけを増やすためには、子どもたちと日常的に接している学園の先生方の声かけが重要です。また、現在は、学園内の各寮から1～2名の子どもたちを選抜してグループを作っていますので、日常生活のなかでは子どもたち同士で学習内容を共有することができません。しかし、同じスキルを学んだ子どもたちが同じ寮内で毎日生活すれば、お互いに声をかけ合い、スキルを実践し、復習する機会が多くなることが期待できます。これらの問題を解決するために、今後は寮単位でのSEL-8Dの実施を計画しています。

B　SEL-8D参加へのやる気

ロールプレイやゴロ合わせによる教示は、その行動を実際に行うことによって学習効果を発揮するものです。しかし、SEL-8Dは子どもたちにとって、「先生から言われたから参加している」ものなので、最初から積極的に参加する子どもはいません。指示に従わないことや、発言を求めても答えないことがあり、プログラムが中断してしまうこともあります。

SEL-8Dでは、子どもたちのやる気を引き出すために、プログラムを楽しんでもらうことを大切にしています。そのために、プリント課題はできる限り避け、カードやシールなどの視覚的に刺激する教材を用いて、ゲーム感覚で取り組めるようにしています。また、自発的発言のような積極的行動に対してシールを与え、一定数シールが集まったら報酬を与える（私たちは、好きな先生と遊べるという報酬を設定しました）「トークンエコノミー」と呼ばれる方法も実施しています。このトークンエコノミーにより子どもの積極的行動が増えました。この方法については、報酬がなくなるとそれまで見られていた行動が起こらなくなり、根本的な行動変容にはつながらないという批判もあります。しかし、行動の動機が何であるにせよ、まずは子どもたちがプログラムにチャレンジすることが重要だと考えています。子どもたちのプログラムに対するやる気をどのように高め、維持するかということは、ＳＥＬ‐８Ｄに限らず心理教育プログラム全体に共通する課題といえるでしょう。

第5章 感情知性（ＥＩ）は訓練次第で変化するか

1 はじめに

感情知性（emotional intelligence：以下ＥＩ）は、１９９０年にサロヴェイとメイヤーによって初めて概念が整理されて以来、[5] ＩＱとは異なる知能として、多くの人びとの人気を集めてきました。その理由の一つは、「ＥＩはＩＱよりも変わりやすく、訓練可能である」という一般的なイメージがあったからです。[4] 一生懸命努力をしても簡単には上がりそうもないＩＱに比べて、ＥＩは訓練によっていくらでも向上させることができそうだ、と多くの人びとがＥＩの存在に期待したのです。果たして、この一般的イメージは正しいのでしょうか。

2 ＥＩの訓練

ＥＩという新しい概念が生まれる前から、心理学では自分や相手の感情を理解したりコントロールしたりする能力の訓練について研究が行われてきました。その一例を紹介します。[3]

子どもの感情理解の訓練

フェシュバッハとコーエンは、幼稚園児などの未就学児１９８名を対象に、感情理解のトレーニングを実施して、その効果を調べる研究を行いました。

子どもたちはまず、感情理解のトレーニングを行う実験群と、感情理解とは関係のない別のトレーニングを行う統制群に分けられました。実験群では、喜びや悲しみ、怒りの感情を理解するためのトレーニングが歌やゲーム、ロールプレイなどを通して行われました。たとえば、子どもたちにビデオを見せて、登場人物の感情を答えさせるゲームなどを行うのです。一方統制群は、２群が設けられ、両方とも感情理解とは全く関係のないい、テレビ広告について理解するためのトレーニングが行われました。統制群Ａでは、テレビ広告が主に経済に果たす役割などが教えられ、統制群Ｂでは、主にテレビ広告の心理的側面について教えられました。すべての群に対して、１日１回、20分程度のトレーニングを４日間、実施しました。そして、４回のトレーニングが終了した後とその１週間後に、効果測定のためのテストを実施しました。

テストは2種類あり、一つは適切な表情の絵を選び出すという言語を使用しないテストでした。もう一つは、感情を伴うような場面の絵を見て、その絵を説明するという言語を使用するテストであり、１週間後にのみ実施しました。

表情を選び出すテストの正答数を調べた結果、トレーニング終了後では、実験群は、テレビ広告の心理的側面を教えられた統制群Ｂとの差はありませんでしたが、テレビ広告が経済に果たす役割を教えられた統制群Ａよりも多くなりました。しかし、１週間後では、三つの群の正答数に差はなくなりました。一方、１週間後にのみ実施した、場面の絵を説明するテストでは、二つの統制群に比べて実験群の方が、感情に関係するような説明を多く行うという違いが見られました。

以上の結果から、未就学児に感情理解のトレーニングを実施することで、別のトレーニングを実施するよりも、表情認知や感情表現ができるようになるという効果が得られることが明らかになりました。しかし、テレビ広告の心理的側面について教えた統制群Bとの間には差がなかったという結果も得られており、この研究にはいくつか問題点があると考えられます。

統制群の問題

フェシュバッハとコーエンの研究の問題点の一つは、統制群の設定の仕方にあると考えられます。心理学の研究方法として、実験群と統制群を設けて両群を比較する方法は、一般的な研究方法です。彼女たちの研究では、統制群として、テレビ広告について理解するトレーニングを実施する群を2群、設けていました。しかし、感情理解トレーニングの効果を調べることを目的とした彼女たちの研究の場合、特にテレビ広告が心理的側面に与える影響などを教えた統制群Bは、適切でなかったと考えられます。なぜなら、テレビ広告の心理的側面についてトレーニングをするなかで感情について言及することがあり、感情理解のトレーニングに類似していた可能性があるからです。この点については、彼女たち自身も指摘しており、表情を選び出すテストで心理的側面を教えた統制群Bと実験群との間に差がなかったのは、このためではないかと考察しています。

なぜ、このような不適切な統制群が設けられたのでしょうか。実はこれら二つの統制群は、全く別の研究目的のために設定された実験群であったためでした。子どもたちにテレビ広告を理解させるトレーニングの効果を調べるという全く別の研究目的のために2群は設けられたのです。

このように、全く別の目的で行われた研究と合わせて、感情理解の訓練の研究が行われたのは、おそらく、研究実施にかかるコストをできるだけ少なくするためであったと考えられます。他の研究目的の実験群を彼女たちの統制群とすることで、研究実施のコストを小さくしたのだと考えられます。

このように、何回か訓練を実施して効果を測定するような実践的研究は、コストがかかってしまうため、容易には実施しにくいのが現状です。

3　心理教育プログラム研究の実際

フェシュバッハらは、子どもたちの感情理解の訓練について検討しました。しかし感情理解だけでなく、それ以外にも子どもたちの感情や社会的能力、いわゆるＥＩを向上させる心理教育プログラムが、学校レベルで開発されています。その主なものが、「社会性と情動の学習」（social and emotional learning：以下ＳＥＬ）プログラムです。ＳＥＬの詳細については、本書の第3章をお読みください。

心理教育プログラムの効果

子どもたちの感情や社会性などを向上させる学習プログラムは、すでに多く開発されています。しかし、その効果に関する研究は少ないのです[6]。ここでは、数少ない研究のなかからエイバーらが行った研究を紹介します[1]。

エイバーらは、ニューヨーク市の15の小学校の、２〜６年生５０５３名の児童を対象に、「創造的に対立を解決するプログラム」（Resolving Conflict Creatively Program：以下ＲＣＣＰ）の実施効果について検討しました。Ｒ

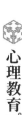

ＣＣＰとは、日常生活で人と対立した場合、相手を攻撃する、抵抗しないようにするなど、複数ある対処方法を提示して、適切な対処を選択するスキルを向上させるための教育プログラムです。このＲＣＣＰは、エイバーらが、プログラムの効果を調査する以前から、すでにニューヨーク市の小・中・高等学校で実践されていました。そこで、プログラムの効果について調べるために、全くプログラムを実施していない学校や完全に実施している学校などを選び出し、プログラムの実施レベル（たとえば、子どもたちへのプログラムの実施回数や、教員がプログラム実施の訓練を受けた回数など）に応じた検討を行いました。調査は、１９９４年の秋と１９９５年の春の計2回行われました。

この研究で明らかになった主な結果は、以下の通りです。

（1）　ＲＣＣＰの実施レベルが低い場合や全く実施していない場合では、年齢が上がるにしたがって、攻撃的な対処を取ろうとする発達的変化が生じたが、実施レベルが高い場合は、その変化が小さくなる。

（2）　ＲＣＣＰの実施レベルが低い場合や全く実施していない場合では、年齢が上がるにしたがって、適切な対処を取らなくなるという発達的変化が生じたが、実施レベルが高い場合は、その変化が小さくなる。

このように、ＲＣＣＰの実施レベルが高い（プログラムの実施回数が多く、また教員が実施のための訓練を十分に受けている）と、人との対立場面において、子どもたちが攻撃的な対処を行ったり有能な対処を取らなくなったりするという、ネガティヴな発達的変化が抑えられることがわかりました。

これらの結果は、子どもたちが置かれている個々の環境の要因は考慮に入れずに分析されています。しかし実際には、子どもたちが置かれている環境はさまざまです。そこでエイバーらは、所属している学級の規範意識の高さや、子どもたちの居住環境（近隣での殺人事件の発生、貧困のレベル）といった要因を入れて、再度分析を行いました。その結果、プログラムの効果の現れ方は、要因の違いによってさまざまでした。

特に、予測に反していたのは、規範意識の低い学級に所属している子どもたちや居住環境の悪い子どもたちに、実施レベルの高いＲＣＣＰを行っても、前頁の（１）のような、攻撃的な対処を取るネガティヴな発達的変化を抑える効果が得られなかった点でした。子どもたちが置かれている環境が悪いと、プログラムの効果が得られないことを示しています。

心理教育プログラムの実践と研究の問題

エイバーらのように、心理教育プログラムの効果について研究することは、いうまでもなく重要なことなのですが、先にも述べましたように、ＳＥＬをはじめとしたプログラムの実践は多く行われていても、効果を検討した研究は少ないのです。

その理由は、心理教育プログラムの実践と研究を両立させることが難しいことにあると考えます。まず訓練や教育プログラムの実践自体に、多くの時間やコストがかかります。対象が子どもの場合は、保護者の許可が必要であったり、心理教育プログラムのように学校レベルで実施する場合は、まずは実践してもらえるような研究協力校を集めなければなりません。そして、学校での限られた時間のなかでプログラムを行うために、学校の教育課程にうまく組み込む必要があります。このようにプログラムを実践するまでに、すでに時間などのいろいろな制約があるため、効果を測定する調査まで実施することが難しくなってくるのだと考えられます。

しかし、すでに多くのＥＩを向上させる心理教育プログラムが開発されている今、その効果について研究することは、急務だと考えます。

4　日本におけるＥＩ訓練の効果測定の試み

そこで本節では、日本の中学校で実践されたＳＥＬプログラムの効果について検討した研究を紹介します。福岡県内の公立中学校1〜3年生の千名以上を対象に行われた、ＳＥＬプログラムの効果について検討した研究です。この研究は、独立行政法人ＪＳＴの社会技術研究開発センターからの委託研究として、福岡教育大学の小泉教授が中心となって行った研究プロジェクトの一部です。筆者らは、ＳＥＬプログラムの効果を測定する研究グループとして参加しました。ＳＥＬの概要については、第3章を参照してください。

先にも述べましたように、心理教育プログラムを実践し、その効果を調べる研究は、コストが非常にかかるため実施が難しいです。そのようななかで、今回紹介するこの研究のように、一年間にわたって実際に中学校でプログラムを行い、その効果を調べた研究は非常に貴重であるといえます。

効果測定のための研究計画

参加した中学校はそれぞれ、6〜12月にかけてＳＥＬを実施した実践校と、その間プログラムを全く行わない統制校の2群に分けられました。そして両群に対して、ＥＩを測定するための調査を、ＳＥＬを行う前の4〜6月に1回、終了後の12月にもう1回、実施しました。

第2節で紹介したフェシュバッハらの研究で、統制群の設定が問題になったように、訓練の効果を検証するために、統制群の設定は非常に重要になります。この研究では、フェシュバッハらの研究と異なり、何も行わない統制群を設けました。

また、効果測定の調査をＳＥＬが実施される前後の計2回、行ったのも工夫した点です。1回目の調査結果と2回目の調査結果の差を、ＳＥＬ実践校と統制校の間で比較することで、ＳＥＬがＥＩにどのような影響を与えるかを検討するという研究デザインになっています。たとえば、実践校が、統制校以上に1回目よりも2回目の調査結果が良くなっている場合、ＳＥＬプログラムの良い効果が得られたことになります。また、2回目の調査結果が悪くなった場合、それが統制校よりも実践校の方が低下の程度が小さければ、ＥＩが低下するという変化がＳＥＬプログラムによって抑えられるという良い効果が得られたことになります。

効果測定のための質問紙および客観的テスト

ここでは、効果を測定するために用いられたテストなどについて説明します。効果測定のために、質問紙と客観的テストの2種類の測定法を用いました。

Ａ　質問紙

質問紙とは、簡単にいうとアンケートのようなものです。たとえば、「あなたは、イライラしたときに家族や友人にあたってしまいますか」という質問項目に対して、「はい」「どちらかといえば、はい」「どちらかといえば、いいえ」「いいえ」の選択肢のうち、自分に一番当てはまる選択肢を選ぶという方法です。ＥＩを測定する方法としてよく用いられています。この研究では、ＥＩを測定する質問紙を独自に作成し、実施しました。

ＥＩは複数の下位因子から成り立っていると考えられています。今回作成したＥＩ質問紙では、自分の感情

表 5-1　EI 質問紙の質問項目

「自己感情の表現」を測定する質問項目

友だちに自分の考えをはっきり伝えられますか。
周りの人に自分の考えを言う方ですか。
自分の気持ちを言葉で表せますか。
自分の気持ちを，うまく態度で表すことができますか。

「他者感情の認知」を測定する質問項目

話をしている友だちの気持ちがよくわかりますか。
周りにいる人の気持ちがわかりますか。
どうすれば友だちによろこんでもらえるかを考える方ですか。
友だちがつらそうなとき、自分もつらくなりますか。

「自己感情の制御」を測定する質問項目

腹が立つことがあっても、その気持ちをなんとか落ち着かせることができますか。
あなたは、自分の気持ちをうまくおさえる(コントロールする)ことができますか。
いやなことがあっても、すぐに気持ちをきりかえることができますか。
あなたは、イライラして友だちや家族にあたってしまうことがありますか。

を認識し、うまく表現できているかという「自己感情の表現」、他者の感情を認識し、共感できるかという「他者感情の認知」、自分の感情をうまくコントロールできるかという「自己感情の制御」の、三つのＥＩを測定しました（表5-1）。

B　客観的テスト

質問紙は、質問項目に対して、自分に当てはまる選択肢を選んで回答します。つまり、自分で自分がどうなのかを判断する「自己評価、主観的評価」です。これに対し客観的テストとは、自己評価をはさまず、客観的な基準に照らして評価するテストです。たとえばＩＱを測定する知能検査のように、能力を測定するために準備された問題、課題に回答し、その成績に基づいて個人の能力を評価するという方法です。

心理教育プログラムの効果を検討した研究のほとんどは、質問紙で効果を測定しています。先ほど紹介したエイバーらの研究でも、攻撃性や優れた対処ができるかなどを測定するために質問紙が用いられていました。しかし、自己評価が正確かどうかは、疑問が残ります。そこでこの研究では、質問紙だけでなく客観的テストも実施しました。自己評価をはさまない方法で、ＥＩを測定したのです。

1		かなしみ	いかり	よろこび ✔	おどろき
2	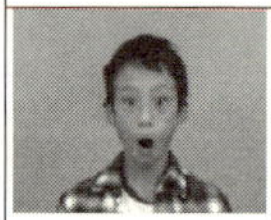	いかり	おどろき	かなしみ	よろこび
3	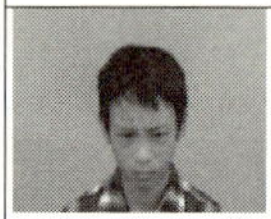	よろこび	かなしみ	おどろき	いかり

図5-1　表情認知テストの例①

この研究で用いた客観的テストは二つありました。表情認知テストと状況理解テストです。

表情認知テストは、相手の感情を正しく読み取れるかというＥＩを測定するテストでした。二つの課題から構成されており、一つは、11～13歳の男子と女子の表情写真（喜び、怒り、驚き、悲しみの４種類）を見せて、その表情が表している感情を「よろこび」「いかり」「おどろき」「かなしみ」という四つの選択肢から選ぶ課題でした（**図5-1**）。もう一つは、感情を表す言葉（例、「いかり」）を読んで、その言葉が表す表情を喜び、怒り、驚き、悲しみの四つの表情写真のなかから選ぶ課題でした（**図5-2**）。それぞれの課題を、制限時間30秒の間にいくつ回答できるかを調べ、その正答数をテストの成績としました。

もう一つの状況理解テストは、感情が関係するような場面のイラストと文章を見て、その状況や感情を正しく理解できるかというＥＩを測定するテストでした（**図5-3**）。２種類の問題から構成されており、イラストの登場人物がどのような感情なのかについて（感情理解）、そしてなぜそのような感情になったのかについて（状況把握）、それぞれ説明、回答を自由記述で求めました。その回答が、基準に合っているかを調べて、テストの成績としました。

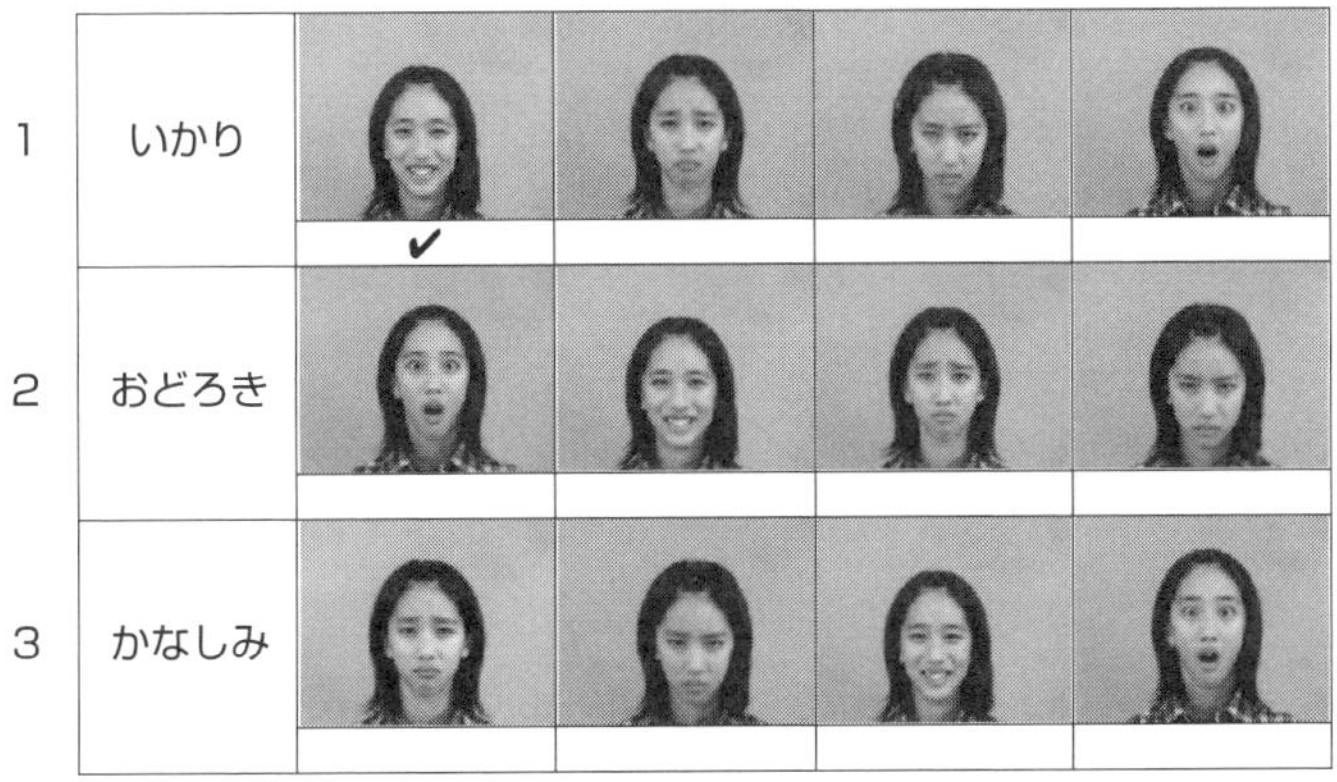

図 5-2　表情認知テストの例②

B子ちゃんがとても大切にしていた本を、Aくんが「かしてよ」と言って、とってしまいました。その様子をB子ちゃんの友達のC子ちゃんがとなりで見ています。

① B子ちゃんの友達のC子ちゃんはどんな気持ちでしょうか。思いつくだけ、書いてください。

②なぜ、C子ちゃんはそのような気持ちになったのでしょうか。思いつくだけ、書いて下さい。

図 5-3　状況理解テストの例

効果測定の結果

ＳＥＬの効果を調べるために、質問紙、客観的テストそれぞれを、4～6月に事前調査、12月に事後調査で実施しました。今回の調査では、事後調査の結果から事前調査の結果を引いた変化量を算出し、それがＳＥＬ実践校と統制校とでどのように異なるのかを学年ごとに分析しました。分析には心理学の研究でよく用いられる、t検定と分散分析という分析方法を用いて、結果が統計的に有意かどうかを検討しました。

A　質問紙での調査結果

まずＥＩ質問紙の結果ですが、分析の結果、実践校と統制校の間に、統計的に有意な違いは見られませんでした（図5－4）。すなわち、実践校、統制校ともに、事前調査から事後調査までの変化は、ほぼ同じ程度であったということになります。

B　客観的テストでの調査結果

では、自己評価をはさまない客観的テストで測定した結果はどうだったのでしょうか。

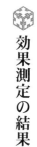

まずは表情認知テストの結果ですが、中学1年生において、実践校より統制校の方が、テスト結果がポジティヴに変化しました。2年生では、実践校と統制校で統計的に有意な差は見られませんでした。そして3年生になると、実践校の方が、テスト結果がポジティヴに変化しました（図5－5）。

次に、状況理解テストでは、感情理解と状況把握のそれぞれについて分析しました。まず感情理解は、中学1年生では統制校の方がテスト結果がポジティヴに変化しましたが、2年生と3年生では、実践校の方がポジ

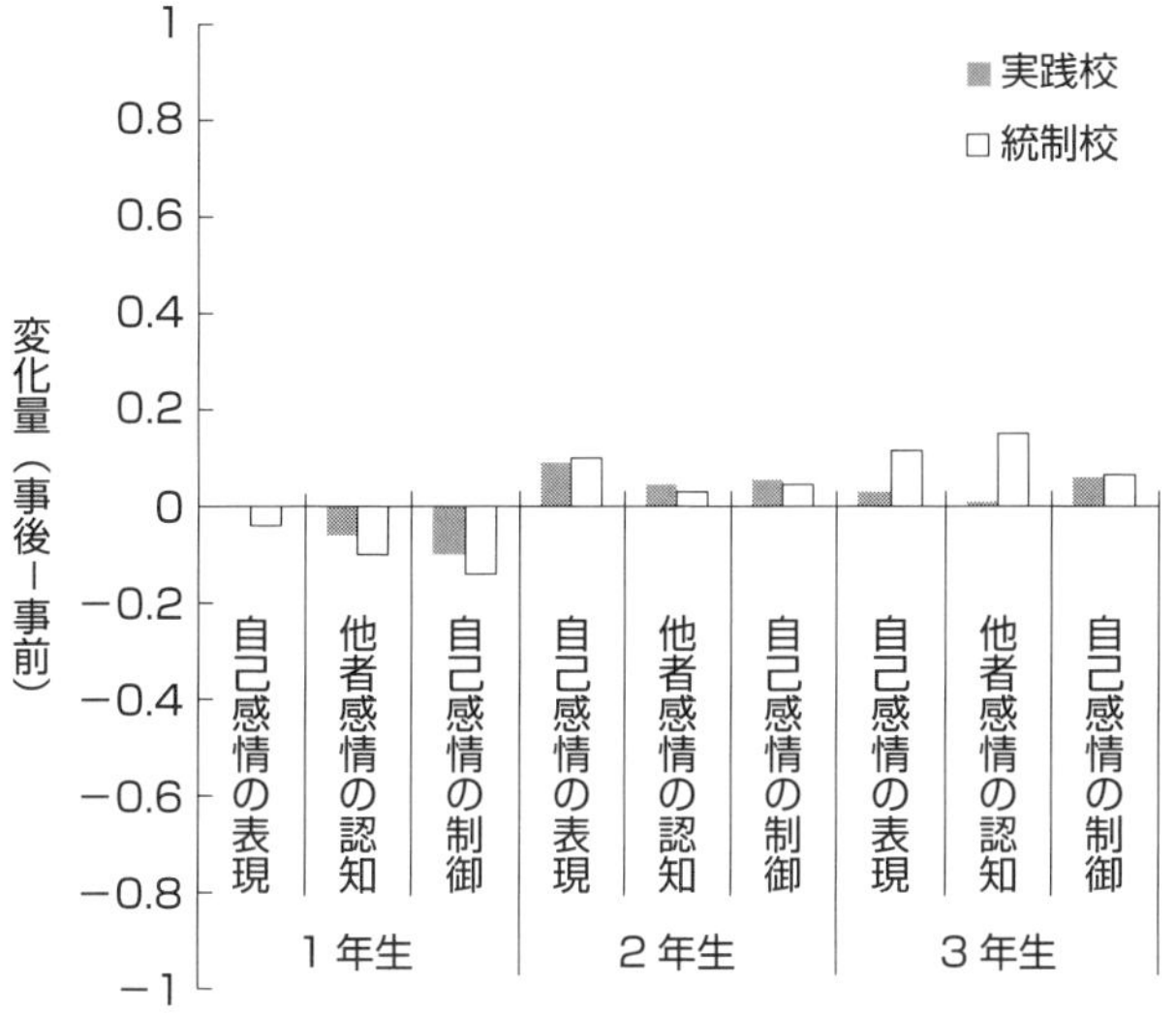

図 5–4　EI 質問紙結果の変化量

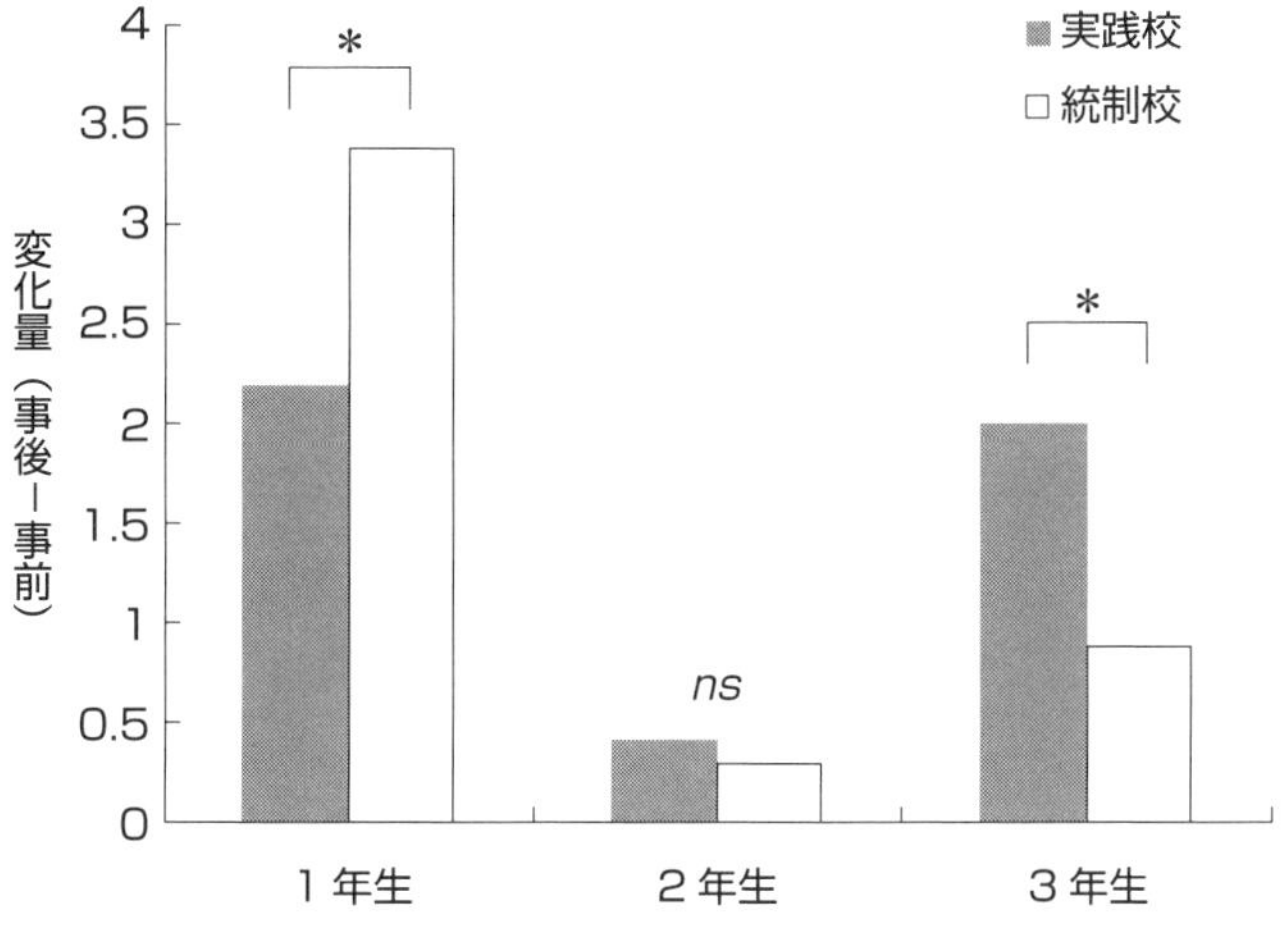

図 5–5　表情認知テスト結果の変化量

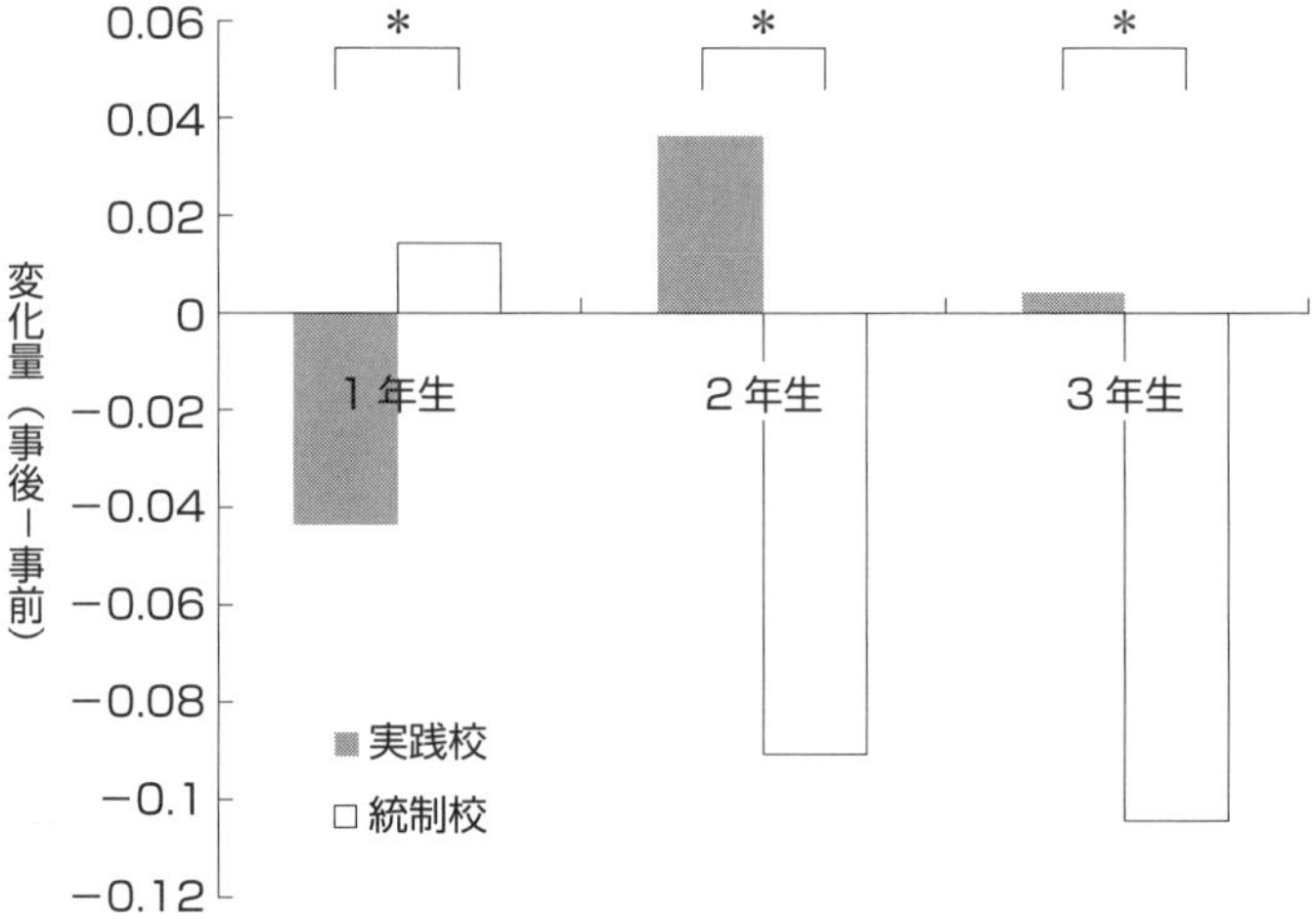

図５−６　状況理解テスト“感情理解”結果の変化量

ティヴに変化しました（図５−６）。

一方、状況把握は、中学１〜３年生全学年で、統制校よりも実践校の方が、テスト結果がポジティヴに変化しました（図５−７）。

Ｃ　測定結果のまとめ

以上の結果をまとめますと、ＥＩ質問紙では、ＳＥＬプログラムによる統計的に有意な効果は明らかになりませんでしたが、客観的テストで明らかになりました。

まず表情認知テストでは、１年生では効果が逆転したものの、３年生ではＳＥＬを行ったことで、表情認知能力にポジティヴな効果が見られることが明らかになりました。状況理解テストでは、感情理解は１年生で効果の逆転が見られましたが、２、３年生では、ＳＥＬによるポジティヴな効果が見られ、また状況把握では全学年でポジティヴな効果が明らかになりました。

ＥＩ質問紙で、ＳＥＬの効果が明らかにならなかった点についてですが、質問紙が自己評価に基づいている点を考慮に入れると、自己評価として、自分自身のＥＩの向上を意識できなかったことが考えられます。また、過去のＥＩ

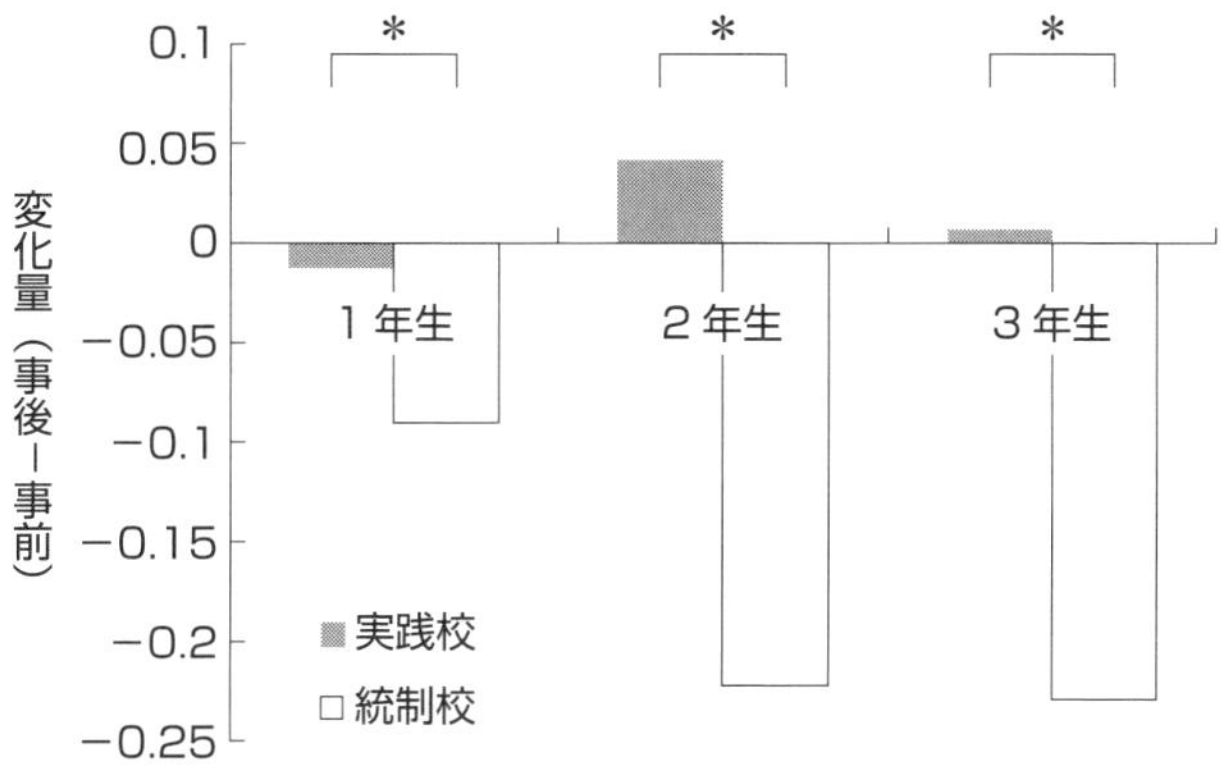

図 5-7　状況理解テスト“状況把握”結果の変化量

研究では、ＥＩを質問紙で測定した場合と客観的テストで測定した場合で、結果が一致しないことが明らかにされており、[2] したがって、それぞれで測定されるＥＩは別個のものである可能性が示されています。そのため、今回質問紙で測定されたＥＩに、ＳＥＬの効果が現れなかった可能性が考えられます。

客観的テストでは、中学1年生で、表情認知テストと状況理解テストの感情理解でＳＥＬの効果が逆転するという結果が得られましたが、状況把握ではポジティヴな効果が明らかになりました。2年生では、表情認知テストでは有意な違いが見られなかったものの、状況理解テストでポジティヴな効果が得られました。3年生では、客観的テストのすべてにおいて、ＳＥＬによるポジティヴな効果が得られました。

このように、学年によって効果の現れ方が異なる点について、ＳＥＬの経験年数が関わっていることが考えられます。この調査を行った中学校では、1年前からすでにＳＥＬプログラムが実践されており、2、3年生がＳＥＬプログラムを受けるのはこの年で2年目でした。したがって、1年しかＳＥＬを受けていない1年生に比べ、2年目であった2、3年生は多くのテストでポジティヴな効果が得られたことが考えられます。

しかし、ここに示した結果は、個々の学級環境、授業を実施した教員の力量、生徒の生活環境、実施したＳＥＬの内容などの違いを考慮に入れずに、分析した結果です。エイバーらの研究でも明らかなように、さまざまな要因によって、効果の現れ方が異なる可能性があります。また、ＳＥＬを実施することによるネガティヴな結果が得られており、なぜこのような結果が得られたかも含め、今後、さらに詳細な検討を積み重ねていく必要があります。

5　おわりに

本章では、「感情知性は訓練次第で変化するか」というタイトルのもと、ＥＩの訓練およびその効果に関する研究を紹介し、さらに、日本で行われているＳＥＬプログラムの効果測定の研究について紹介しました。ＥＩを向上させるための心理教育プログラムの実施には、非常に大きなコストがかかります。実践と研究を両立させることが難しいなかで、今回、日本の中学校でＳＥＬを実践し、さらにその効果について検討できたことは、ＥＩの訓練研究にとって大きな一歩であるといえます。また、過去の研究では、効果測定に質問紙のみを用いていましたが、今回、客観的テストを導入し、ＳＥＬの効果を確かめることができたことは、貴重であると考えます。今後さらに研究を重ねることで、ＥＩを向上させる訓練プログラムを確立することが期待されます。

今回の研究では、効果測定の質問紙および能力テストの実施は、中学校の先生方が行ってくださいました。現場の方々の協力がなくては、学校をフィールドにした実践的研究を行うことはほとんど不可能です。この研究は、参加された学校の先生方の、研究に対する深い理解のもとに成り立った研究だといえます。研究は、必ずしも研究者のみが行うものではありません。今回のように、訓練プログラムを実際に用いる現場の人びとと共同して研究を進めていくことで、今後のさらなるＥＩ研究の発展が可能となるのです。

第6章

非行に及ぼす感情の影響
――感情知性（ＥＩ）と非行少年

1 はじめに

これまでの章では、感情知性（emotional intelligence：以下ＥＩ）がどのようなものか、またどのように育てることができるのかについて述べてきました。ＥＩを育成するという試みの背景には、「ＥＩは後天的に身につけることができる」という信念（これについては第5章で詳しく述べています）に加え、「ＥＩが高いほど社会的適応度がより高くなる」という信念があるといえます。実際に、ＥＩを「こころの知能指数」（ＥＱ）の名で大衆に広く知らしめたサイエンスライターのゴールマン[9]は、「……知的な能力を感情が阻害するか助長するかによって……人生でどこまで成功できるかが決まる。……その意味で、ＥＱは才能の総元締めといえる」（p. 153）と述べています。

しかし、ゴールマンによるこのような主張の時点で、それの根拠となるような実証研究はなされていませんでした。メイヤー[16]はこうした大衆向けに誇張した美辞麗句を批判し、実際にはＥＩが人生の成功を左右する最良の予測因ということは示されていないとしています。本当のところ，ＥＩと適応との関係は，まだわかっていないことや課題も少なくないといわざるを得ません[29]。

いったい，ＥＩが高いことは，人生においてどのような良い帰結につながるのでしょうか。他方，ＥＩの低さはどのような不適応と関わるのでしょうか。この章ではこの問いに対して，不適応にあたる問題行動の一つとして非行を取り上げ，非行少年のＥＩはどのような特徴をもっているのかについて，これまで行われた調査の結果を含めて考察したいと思います。なお，この章では軽度の非行に焦点を当て，一般少年における非行傾向を主に述べていきます。

2　非行少年の個人内外の特徴

非行の要因

まずはじめに，非行に影響を及ぼすと考えられる要因について，感情以外のものを整理してみましょう（詳細については文献13参照）。非行に関連する要因は非常に多岐にわたっており，家庭や教育環境，民族，地域差などの環境要因や，親子関係のパターン，反社会的かつ偏った自己概念，自己制御の低さといった非行少年ら自身の要因が報告されています。

その他にも，非行少年に特異な傾向として，彼ら特有の対人関係パターンがあることが示されています。非行少年らにおける対人関係スタイルの大きな特徴としては，特異に緊密な友人関係や，「逸脱した友人・他者」と呼ばれる，問題行動を行っている彼らと親しい他者の存在が挙げられており，非行的な仲間（＝「逸脱した友人」）が身近に存在する状況で過度の同調をした結果，自分自身も同じように非行に関わってしまい，さらにはそうした仲間同士の接触を通じて非行がさらに学習・強化・促進される過程がこれまでに説明されています。また、そこに関連するコミュニケーションスタイルについても特異な傾向があるようです。非行少年同士のペアは逸脱行為の話題に対して笑いなどの肯定的な反応を多く返しやすく、そうした相互作用が互いの逸脱行動をさらに強化させることが明らかになっています。ここからは、「逸脱した他者」の存在それ自体だけではなく、非行少年ら自身がそうした危険な他者へ同調しやすい対人関係行動特徴を有している可能性が考えられます。

非行少年の感情経験・認知傾向

ここでいよいよ、非行少年らが感情に関わる知的能力であるＥＩにおいて、どのような特徴を有しているのか、先行研究の結果を見ていきましょう。ただし、諸研究にはＥＩを直接測定してはいないものの、ＥＩに十分関連するものもありますので、ここではメイヤーとサロヴェイが提唱した4枝モデル[17]の、「感情知覚」「感情による思考の推進」「感情理解」「感情管理」のいずれかに当てはまると考えられる知見も含めて取り上げていきたいと思います。

この4枝モデルに沿った測定としては、ＭＳＣＥＩＴ[18]が開発されており、四つの部門に対応したテストがそれぞれ用意されていますが、このテストでは「感情知覚」「感情による思考の推進」を「経験的ＥＩ」、「感情理解」「感情管理」を「戦略的ＥＩ」とまとめてカテゴリー化し、二つの領域に分ける方法も提案されています。本章では、ＥＩの全体得点を検討したものと、この分類に従って「経験的ＥＩ」と「戦略的ＥＩ」の二つに大別したものを見ていきます。そしてさらに、非行少年における教育的介入についても触れ、彼らの感情に関する能力のうち何が問題と考えられるかを示していきます。

Ａ　非行少年らのＥＩ（全体得点との関連）

ＥＩ測定において，部門に分けずに全体得点を算出した分析を見ていくと，４枝モデルをもとに作成された自己報告式質問紙によってＥＩを測定した調査では，全般的ＥＩの低さが，成人においてではありますがアルコールや薬物摂取の問題と関連することが[22]示されています。また，ＭＳＣＥＩＴの前身であるＭＥＩＳを用いた研究では，「感情による思考の推進」を除くＥＩの３部門を足し合わせた得点の低い少年ほど，喫煙によって生じるネガティヴな社会的結末（喫煙をしない友人を失うなど）を感じ取ることができず，また他者からタバコをすすめられたとき断る自信をもっていないことが報告されています。[26]ここから，ＥＩの低さは非行傾向と関連することがうかがえます。次節で，さらに領域に分けた検討を見ていきましょう。

Ｂ　非行少年らの「経験的ＥＩ」（「感情知覚」「感情による思考の推進」）

４枝モデルの一つ目の領域である「経験的ＥＩ」は，「感情知覚」と「感情による思考の推進」で構成されています。「感情知覚」は，自分の感情を身体面からも心理面からも正しく知覚する能力や，他者の表情や姿勢などから感情を識別する能力を，「感情による思考の推進」は感情が認知システムを導いて思考を推進する能力を指します。

まず，「経験的ＥＩ」として２部門をまとめてスコアリングした得点の低さは，男子大学生におけるアルコールと薬物の消費や，逸脱行動と関わることが[1]指摘されています。

また，「感情知覚」部門と関連する感情経験や認知傾向において，非行少年らは一般少年らとは異なる傾向をもっていることが指摘されています。自身の感情である主観的感情に関して，非行少年は共感性と罪悪感[15]や恥[19]などの感情を経験することが少ないと報告されています。これらの感情経験の少なさは，他者に対する配慮をあまりしない、もしくはできないことを意味しているのかもしれません。また、他者の感情を識別する感情認知に関する研究では、非行少年および攻撃性の高い少年らは他者の意図や表情に対して、過度に誤って敵意や怒りを読み取りやすく[24]、いわば好戦的な他者認知を行うことが明らかになっています。

これらの結果からは、非行少年らが自他両面において、感情の認識に一定の特徴をもっていることが推測されます。

C　非行少年らの「戦略的ＥＩ」（「感情の理解」「感情管理」）

４枝モデルの後半の領域は、「戦略的ＥＩ」で、これは「感情の理解」部門と「感情管理」部門を合わせたものです。「感情の理解」は、感情を分析して、その感情が時間がたてばどのような結果になるのか察することができる能力を、「感情管理」は自分の安心や平静を得るために（自分にとって感じたくない）気分を避けたり、そのためにその対象についての評価をもう一度行ったりする能力を指しています。

先ほど挙げた研究[1]では、「戦略的ＥＩ」にまとめた得点は、非行行動との関連が認められませんでした。メイヤーらは４枝モデル提案の際、「感情知覚」から「感情管理」へ進むにつれて処理レベルが深くなると想定していましたが、非行行動と「戦略的ＥＩ」との関連が見られなかったということは、非行少年らの感情に関わる能力のつまずきは、ＥＩのうち、より初期段階において生じているといえるのかもしれません。

しかし、法務総合研究所[12]の報告によると、少年院教育部門に6年以上勤務している法務教官らは、最近顕著な非行少年らの特徴として、「感情のコントロールが出来ない」ことを挙げる人が半数を超えていました。また、後述する非行少年らに対する矯正教育において、感情コントロールに関わる介入が積極的に使用されていることを考えると、感情管理において非行少年らは難しさを抱えている可能性があるといえそうです。

D　非行少年らに対する社会感情学習の試みと、その効果

教育的介入の点から見ると、非行は社会感情学習によって改善し得ると想定されている子どもたちの問題に含められており[5]、メタ分析の結果からはすでに社会感情学習が非行に関連した問題を減じることが示唆されてもいます[4]。社会感情学習はさまざまなプログラムの総称ですが、そのなかにＰＡＴＨＳ（Promoting Alternative Thinking Strategies）という子ども向けプログラムがあります。このプログラムでは中核にＡＢＣＤモデル（Affective Behavioral Cognitive Dynamic model）を据えています。ＡＢＣＤモデルでは、子どもたちの行動や内的制御は彼らの感情知覚やコントロール、認知的能力、社会的スキルの機能によってなし得ると考え、感情、行動、認知理解の発達的統合に重きを置いています[10]。そのため、この介入には強い感情の抑制や、感情状態に対するラベルづけ、感情の理解や制御に関するトレーニングが含まれており、ＥＩの４枝モデルの２領域に照らし合わせるならば、「経験的ＥＩ」と「戦略的ＥＩ」のどちらをも射程に入れていると考えられるでしょう。ＰＡＴＨＳの効果について行われた調査[2]によると、このプログラムを経験した子どもは、そうではない子どもに比べて攻撃性が減少したことが報告されています。つまり、ＥＩに関わる能力を育むことで、問題行動を減じることが示唆されているといえます。

また、社会感情学習に関連する実践介入として社会的スキルトレーニングが挙げられますが、社会的スキル研究からは、非行少年の社会的スキル[8]やスキルに対する知識[27]が、一般少年よりも低いことがすでに示されています。ここからも、非行は社会感情的なコンピテンスの低さと関連すると推測されます。

E　非行と感情知性との関連のあいまいさ

以上の先行研究を鑑みると、非行傾向はさまざまな領域のＥＩの低さと関連すると考えられます。

ただし、非行と社会感情的コンピテンスとの関係については、常に一貫した結果が得られているわけではありません。ＥＩの低さと非行との関連を明らかにした研究は複数あるものの、それでもこれらの関係が完全に明らかになったわけではありません。現に、ある調査[25]は、一般大学生の薬物使用傾向はＥＩの低さによって予測されたのに対して、「許可されない場所に立ち入る」や「悪いことをして親が学校に呼び出される」などといった項目によって測定される軽度非行傾向は、ＭＳＣＥＩＴで測定されるＥＩのすべての部門の点数から予測されなかったことを報告しています。先述の研究[1]でも、女子においてはＥＩと問題行動との関連が有意には見られませんでした。

また社会的スキル研究の文脈では、親和動機を強くもつ相手に対しては非行少年らもスキルを十分に行使することが報告されています[14]。さらに、社会的スキルに関わる指標を軽度非行少年群と一般対照群とで比較したところ、次のような事実が明らかとなりました[13]。非行少年は、一般的に好ましいとされてきた主張や親和行動のスキルについては、非臨床的対照群よりも多く行使する傾向にあったのです。そしてむしろ、よく知らない相手と適切な距離を置いて接することや、好ましくない他者からの誘惑行動などに対して、それを適当にはぐらかすなどの回避的な行動（「対人的距離化スキル」）を取ることが少ないということが明らかになりました。

先に述べた通り、少年非行の一般的な特徴として、「逸脱した他者」への同調が少年らを（二人の状況ならば必ずしも生じないであろう）非行へと結果的に駆り立ててしまうことが指摘されていますが、右の調査結果[13]からは、非行少年らが「親しくない逸脱した他者」に対する回避ができないため上手に距離を取れず、半ば巻き込まれる形で非行に手を染めてしまうのかもしれない、ということが示唆されます。つまり、彼らのより本質的な対人関係上の問題は、「逸脱した他者」との適切な距離化やはぐらかしといったリスク回避的な行動の少なさ、およびそれに関わる対人的情報処理の特異性にこそあるのかもしれません。

しかし、こうした観点からの実証的な検討は、これまであまりなされてきませんでした。そこで、次の二つの節で筆者たちが行った調査[*1]を紹介し、実際には非行傾向と感情認知傾向はどのような関係なのかについて考えていきたいと思います。

3　非行少年のEI調査の概要

筆者たちは前節で挙げた種々の研究結果から、非行少年は他者に対して好戦的な認知を行い得る一方で、よく知らない他者がもたらすリスクの回避に関わるスキルやコンピテンスが不足しているかもしれないという可能性を考慮し、一般青年を対象として、非行性と他者に対する認知傾向の関連を調べる質問紙調査を行いました。調査の詳細は以下の通りです。

調査対象者

高校1～3年生男女163名（男子26名、女子137名、平均年齢16・94歳）。

質問紙の構成

A　非行傾向についての質問

軽微な非行行動として「授業を理由なく欠席すること」「子どもだけで夜遊びすること」の二つを取り上げました。これら二つの行動について、①その行動を取ることはどのくらい許容されると思うか（許容度）に加えて、②その行動を取る友達が周囲にどのくらいいるか（非行行動を取る友人の多さ）、という二つの側面を尋ねました。

本研究では、これ以外の非行行動（たとえば、万引きや喫煙）は倫理上の問題（一般の高校生に対する質問項目としての適切性）や回答バイアスの大きさの問題（社会的に望ましいとされる回答に大きく偏ること）から研究の対象から除外して、他の行動に比べて相対的により軽微な非行に注目することにしました。

軽微な非行行動に対する許容度については、「そうした行動をしても良いと思うか」という質問を、「まったくそう思わない」「そう思わない」「そう思う」「とても思う」までの４段階の回答を用意して尋ねました。同様に、非行行動を取る友人の数も「まったくいない」「１人いる」「２人いる」「３人以上いる」までの４段階で尋ねました。

分析の結果、授業を理由なく欠席することに対して許容的でない青年ほど、子どもだけで夜遊びすることに対しても許容的でないことがわかりました。そのため、二つの非行行動に対する許容度の平均得点を計算し、これを〝軽微な非行行動に対する許容度の低さ〟を表す指標としました。同様に、授業を理由なく欠席する友達が少ないと答える青年ほど、夜遊びする友達も少ないと答える傾向にありました。そのため、軽微な非行行動を取る友達についても、二つの行動（授業をさぼること、夜遊びすること）を取る友人の多さを平均して、これを〝軽微な非行行動を取る友人の数〟を表す指標としました。

B　他者に対する認知に関する質問

他者の表情読み取り課題と、ストーリー課題の二つが用意されました。

＊1　この調査結果は、２０１１年度一般研究助成課題（「青年期の青年期における非行傾向とコミュニケーション行動の特異性およびその発達的規定因を探る――特にリスク回避としての対人的距離化方略に焦点をあてて」研究代表者：遠藤利彦）として、公益財団法人日工組社会安全財団からの研究助成を受け実施されたものを再分析した一部である。

まず、表情課題については、大人の男女各一名の顔写真を使用しました。写真は無表情ですが、この写真の人物について、どのような感情を抱いていると思うかを、「怖がっている」「笑っている」「悲しんでいる」「怒っている」の４項目で尋ね、程度を回答してもらいました（図６－１）。

また、大人の男女それぞれについて、四つの異なる表情写真（無表情・幸福表情・怒り表情・恐怖表情）を同時に呈示し、その後、顔写真の人物が①どのような人なのか（「信用できる」「頭が良い」「ずるい」「優しい」の各項目にその程度を回答する形式）、②自分に対してどのように関わろうとしていると思うか（「騙そうとしている」「友達になりたがっている」「バカにしている」の各項目にその程度を回答する形式）といった印象評価と意図推論を尋ねることにしました（図６－２）。

ストーリー課題では、四つの架空のシナリオを用意しました。それぞれのお話は、文中の主人公が相手からやや反社会的な行動を請われ、何らかの資源（ここには、単なる物質的な財産だけではなく、心的エネルギーや大事な時間なども含まれます）を搾取される内容になっていますが、その相手が未知（初対面）か既知（顔見知り）かと、主人公の行為に対して報酬があったかなかったか（報酬についても、金銭的な価値のあるものだけではなく、褒められて評価されることなども含まれます）の組み合わせで４通りに分かれています（表６－１の例参照）。文中の主人公は自分と同性だと考えるように教示をした上で、それぞれの文章に対して、相手はどの程度信頼できると考えるか、主人公のその後の感情の予測（喜び、悲しみ、怒り、恥、興味、自己嫌悪、恐怖、誇り、後悔、照れ、嫌悪、〈相手に対する〉軽蔑の12種類を設定し、それぞれに対して、経験なし／あり／特に強くありのなかから選ぶ形式）を問いました。

この調査ではＥＩを直接測定してはいませんが、ここでメイヤーらの４枝モデルとの関連を見ていくと、表情刺激の読み取り課題や、呈示されたストーリーに登場する人物の感情の推測などは、「感情の知覚」部門と密接に関わると考えることができるでしょう。

また、質問内容には他者の感情を問うものだけではなく、その人物に対する印象や信頼の度合いを問う内容

写真《しゃしん》の人物は、今《いま》どんな気持《きも》ちでいると思いますか？
1～4の質問それぞれについて、もっともあてはまると思う番号1つに○をつけてください。

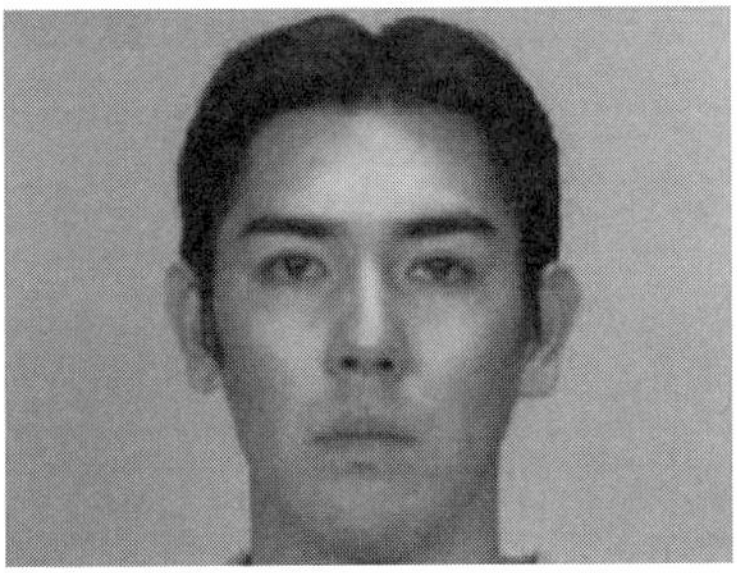

		全くそう思わない	あまりそう思わない	ややそう思わない	どちらともいえない	ややそう思う	だいたいそう思う	とてもそう思う
例	おどろいている………	1	2	3	4	5	⑥	7
		⋮	⋮	⋮	⋮	⋮	⋮	⋮
1	怖《こわ》がっている…………	1	2	3	4	5	6	7
2	笑《わら》っている……………	1	2	3	4	5	6	7
3	悲《かな》しんでいる…………	1	2	3	4	5	6	7
4	怒《おこ》っている……………	1	2	3	4	5	6	7

【答《こた》え方の例】この人物《じんぶつ》が「おどろいている」かどうかという質問《しつもん》に、「だいたいそう思う」と答えるとき、6の数字《すうじ》を○《まる》でかこみます。

図6-1　表情課題の例

下には、ある男性の顔写真がいくつかあります。全ての写真をみたあと、
１～７の質問それぞれについて、もっともあてはまると思う番号１つに○をしてください。

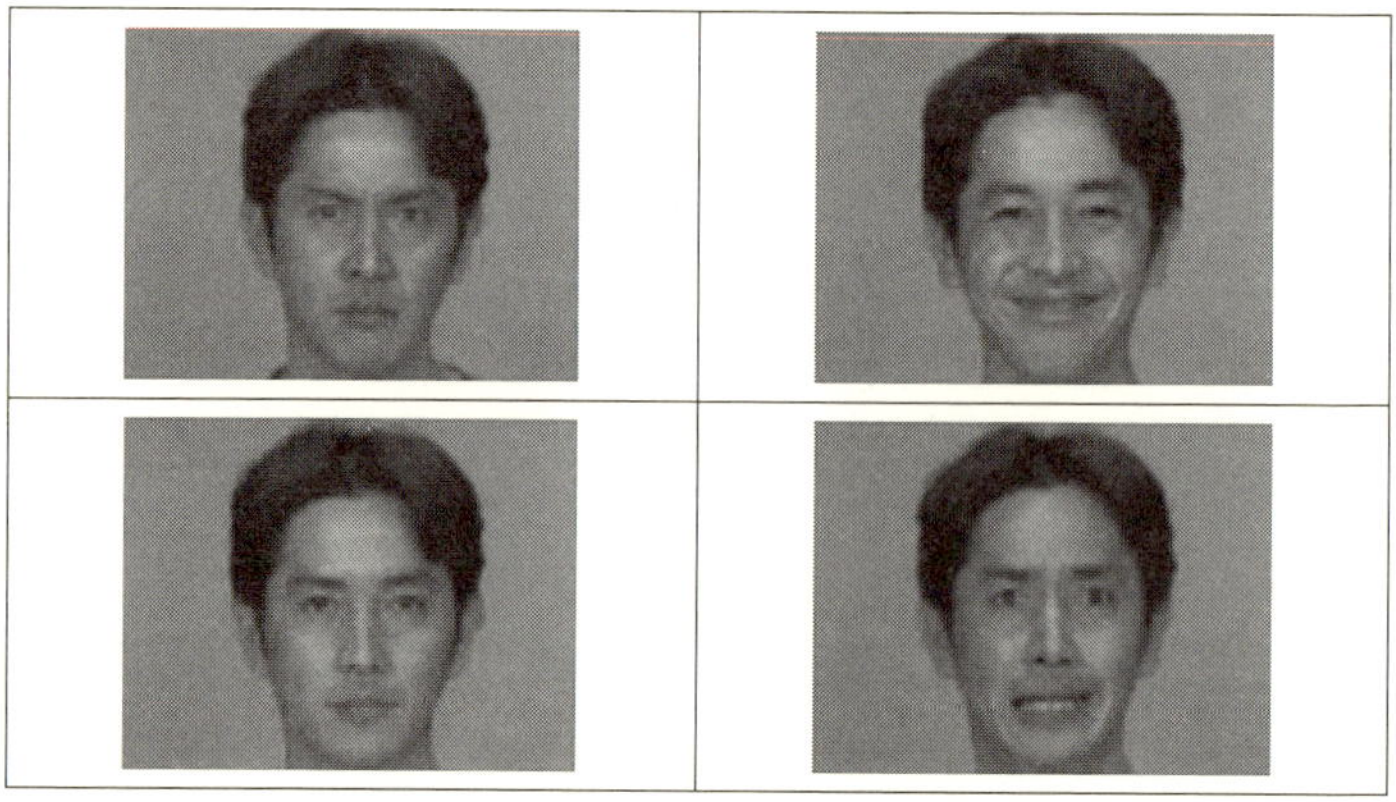

	この人に対して どんな印象《いんしょう》をもちますか？	全くあてはまらない	あまりあてはまらない	それほどあてはまらない	どちらともいえない	ややあてはまる	だいたいあてはまる	とてもあてはまる
1	信用《しんよう》できる人だと思う………	1	2	3	4	5	6	7
2	頭のよい人だと思う…………	1	2	3	4	5	6	7
3	ずるい人だと思う……………	1	2	3	4	5	6	7
4	優《やさ》しい人だと思う……………	1	2	3	4	5	6	7
	この人はあなたをみて、何を考えていると思いますか？	⋮	⋮	⋮	⋮	⋮	⋮	⋮
5	だまそうとしている…………	1	2	3	4	5	6	7
6	友達になりたがっている……	1	2	3	4	5	6	7
7	馬鹿《ばか》にしている………………	1	2	3	4	5	6	7

図６-２　印象評価と意図推論の例

表 6-1　使用したストーリーの例

【既知の他者からの搾取、報酬なしストーリー】主人公：A, 相手；B 　A さんは、テストの前日、真夜中に家で勉強していました。すると友達の B さんがやってきて、「これから花火をして遊びたいんだけれど、今花火とライターある？」と聞いてきました。A さんは B さんに付いていき、家にあった花火とライターを B さんに渡しました。B さんは何も言わずに受け取り、二人は花火で遊びました。
【既知の他者からの搾取、報酬ありストーリー】主人公：H, 相手；I 　H さんが朝教室にいると友達の I さんがやってきて、「宿題をするのを忘れちゃったから、急いで写させて」と言いました。H さんが自分の宿題を見せて写させてあげると、I さんは「ありがとう」と言い、家に帰ってからお礼としてお菓子をくれました。

が含まれていますが、これは前節で触れた、「非行少年らは、危険な可能性がある他者に巻き込まれる、というリスク回避ができない」という可能性を検討するために入れたものです。これはＥＩに直接関わるわけではありませんが、併せて非行性との関連を見ていきましょう。

4　非行少年のEI調査の結果

他者の表情読み取り

A　意図の読み取り

軽微な非行行動に対して許容的でない女子青年ほど、写真のなかの女性がより明晰であり、優しい人だと評価する傾向にありました。逆に、大人の男性からは、だまし意図を読み取りやすい傾向が認められました。

この結果からは、軽微な非行行動に対して許容的でない女子青年は、大人の男性に対してはリスク回避に結びつき得る意図（だましの意図）を他の者よりも多く見積もる傾向が認められるものの、反対に大人の女性に対しては、良い印象（「明晰さ」や「優しさ」）をより高く評価する傾向が見受けられます。この結果からは同時に、非行傾向の低い女子青年は、むしろ見知らぬ大人の女性とのやり取りにおいてリスク回避行動が取りにくく、無防備な状態であると考えることもできるかもしれません。

一方、男子青年については、周囲に軽微な非行行動を取る友人が少ない者ほど、写真の女性に対してより明晰でないと評価する傾向にありました。また、軽微な非行行動に対して許容的でない態度をもつ男子青年ほど、写真の男性がより信頼の置ける人物であると評価する傾向が認められました。男子青年においても、軽微な非行行動に対して許容的でない者は、初対面の同性（男性）に対して、むしろリスク回避行動が取りにくくなるような印象をもつ傾向にあることが示唆されました。

以上の結果は、非行傾向にない者は男女ともに、異性の大人にはネガティブな評定をするものの、同性の大人に対してはむしろリスク回避とは逆の行動をもたらすような、信頼に関わる意図や特性を多く推論することを示唆していると考えることもできますが、同性の大人の信頼性を高く評価する青年ほど、非行傾向に対する許容度が低い傾向にあると捉えることもできます。そのため、非行傾向と印象評価・意図推論バイアスの関連性については、評定者と相互作用相手の性別も考慮しながら、今後さらなる検討が必要であるといえます。

B　感情の読み取り

今回の調査では、感情手掛かりがほとんどない顔写真（大人の男性と女性の無表情写真）を見せたとき、その人物からどのような感情を読み取るかということの個人差が、軽微な非行傾向とどのような関係にあるのかということを調べるものでした。

その結果、女子青年において、写真中の女性が悲しみの感情を抱いている可能性をより高く見積もる者ほど、軽微な非行行動に対する許容度が低い傾向がありました。また、女性が怒っている可能性を過大推定する女子青年ほど、周囲に軽微な非行行動を取っている友人が少ない傾向が認められました。男子青年では、女性が怒りを抱いている可能性を過大推定する者ほど、軽微な非行行動に対する許容度が低いとともに、そうした行動を取る友人が少ない傾向がありました。男子ではさらに、写真の男性から怒りを推察しやすい者ほど、軽微な非行行動に対する許容度が低い傾向がありました。

以上の結果から、軽微な非行傾向にある青年は、大人が怒りを抱いている可能性を低く見積もる傾向にある可能性が推察されます。この結果は、先に述べた研究[24]での、非行少年における怒りの読み取りやすさと矛盾する傾向ですが、これは呈示された表情刺激の差によるものかもしれません。佐藤らの研究では、刺激写真の半数が白人のものでした。それに対して本調査で使用されたのは、日本人の、しかも少年らにとっては年上にあたる大人の表情でした。佐藤らの結果は非行少年の他者に対する好戦性を示すものと解釈できますが、本調査では、（本来は規範を示す立場と考えられる）大人からのネガティヴなメッセージに対する敏感性が非行の低さと関連すると考えることができるのかもしれません。

しかしながら今回の結果からは、大人の怒りを読み取りやすいことが望ましくない行動に対して許容的でない態度をもたらすのかと、望ましくない行動に対して許容的でないからこそ大人からより敏感に怒りを読み取ってしまうのかの、どちらの可能性も考えられます。そのため、感情読み取りにおけるバイアスと軽微な非行傾向との間にどのような因果関係があるかは、はっきりとはわかりません。したがって今後は、非行傾向と感情認知バイアスの因果関係についての視点も含めて、さらに検討を加えていく必要があるといえます。

ストーリー課題による、感情経験の推測

A　シナリオ上の搾取相手に対する信頼度

主人公に対して搾取を強いる相手に対する信頼度を、非行性が高い群と低い群とで比較すると、女子では未知の相手による搾取で報酬があったストーリーにおいて違いが見られ、軽度非行行為に対する許容度が高い群

ほど、「相手を信頼できる」と考えている結果となりました。男子ではこのような差は認められませんでした。

前述の通り先行研究では、危険な他者が身近にいた場合のリスク回避を非行少年らがうまくできない可能性が示唆されていました。今回の結果は四つのストーリーのうち、一つにしか見られませんでしたが、相手に対する信頼度合いが非行傾向の高い群で高かったことは、先行研究が想定していた、非行少年におけるリスク回避の難しさが部分的に証明されたと考えられるかもしれません。

B　シナリオの主人公が抱く感情経験予測

この課題では、各状況に置かれた際の登場人物の主観的感情を推測するものでした。それぞれのストーリーで主人公が経験すると考えられる感情の予測に、非行性が高い群と低い群で違いがあるか見たところ、女子では、怒り（既知の相手による搾取で報酬がなかったストーリー）、恐怖（未知の相手による搾取で報酬があったストーリーと未知の相手による搾取で報酬がなかったストーリー）、軽蔑（未知の相手による搾取で報酬があったストーリー）、後悔（未知の相手による搾取で報酬がなかったストーリー）、恥（既知の相手による搾取で報酬があったストーリー）予測に違いがありました。

詳しく見ていくと、軽微な非行に関して許容度が高かったり、そのような行為をする友人が多かったりする女子ほど、怒りや相手に対する軽蔑を感じやすく、後悔や恥を感じにくいと予測する傾向が示されました。恐怖については、未知の相手による搾取で報酬があったストーリーでは恐怖をより推測しにくいのに対して、未知の相手による搾取で報酬がなかったストーリーでは恐怖をより推測しやすいといったように、ストーリーによって傾向が逆になっていました。男子については、未知の相手による搾取で報酬があったストーリーにおいて、相手に対する軽蔑のみに違いが見られました。男子も女子の場合と同様、非行性が比較的高い群ほど、軽蔑を予測しやすい結果となりました。

非行傾向が比較的高いと考えられる群において、怒り、相手に対する軽蔑の推測が高かったことは、先に触れた、非行少年らが好戦的な他者認知を行いがちだとする先行研究の傾向と整合するでしょう。

また、恥の予測が低かったことは、非行少年らにおける恥経験の少なさを示した既存の研究と一致すると考えられます。恥感情は道徳性に関わる感情で、現代社会では互恵性や社会的基準の遵守を動機づける役割をもつようになっていることが指摘されています。(7) さらに、恥をかいたまさにそのときの機能よりも、自分が恥をかくことの予測に伴って心的苦痛や不名誉な感覚の予期が起こる役目のほうに重要性があるのではないかとも考えられています。(6) この調査において、ストーリー内の人物ではありますが恥を経験することが予想できた群は、その予期による嫌な気持ちの生起によって、逸脱行為への許容性を低めるのかもしれません。また今回の調査では後悔についても、非行傾向の高い群では予測しにくいことが示されました。後悔感情にも現在従事している事柄からの脱出や、その後の繰り返しの抑止を動機づける機能がある(23)と考えると、非行性が比較的低い少年らが他者から何らかの搾取をされる状況で恥や後悔などの感情経験を容易に推測できることは、逸脱行為への参加や搾取されることに対する回避能力と関連しているのかもしれません。

恐怖に関しては、いずれも未知の相手が登場するストーリーにおいて違いが見られましたが、ストーリーによって傾向が異なっており、非行性の高い少年らは報酬があったストーリーでは恐怖を推測するのが比較的難しかったのに対して、報酬がなかったストーリーではより多くの恐怖を推測していました。非行性の高い子たちは知らない相手からの搾取それ自体ではなく、それに伴う報酬が得られるか否かによってその危険性を判断し、恐怖を感じたり感じなかったりするのかもしれません。

調査のまとめ

ここで紹介した調査からは、非行傾向が比較的高い群の特徴がいくつか示されましたが、その内容を見てみると、他者表情刺激に対する笑顔の認知の低さや、狡猾さへの敏感性、信頼度の低さなどといった、従来の研究で指摘されてきた、非行少年らが抱いているネガティヴな他者観と一致する結果と、相手の怒りや狡猾さ、悪意への鈍感さや、搾取された主人公の相手への信頼度の高さや、感情反応としてネガティヴな感情を予測しにくいなどといった、むしろ他者に対する無防備さをうかがわせる結果の双方が同時に認められました。これらの結果をＥＩとの関わりから考慮すると、今回扱った「感情知覚」部門に限ってですが、非行傾向は感情に関わる能力と確かに関連があることが推測されます。

しかし、非行傾向の比較的高い群は、一貫して感情認知が敏感・鈍感というのではなく、対象となる感情の種類によってその傾向が異なっていました。ＥＩの概念で感情知覚の能力を考える際には、その「正しさ」が重視されますが、知覚がすべからく正しいか否かというだけではなく、今回の調査で明らかになった感情認知傾向における二重性や、アンバランスさそのものが非行少年らの特徴といえるのかもしれません。

ただし、今回の調査で先行研究とは異なる知見も得られた理由については、それぞれの研究が対象としている少年らの性別も考慮する必要がありそうです。先掲した研究[24]では対象者が男子だったのに対して、筆者たちの調査では女子対象者が大半を占めていました。また、著者らの調査で紹介した主な結果は特に女子において多く見られたものでした。人間関係に関わるリスク要因は女子非行群で特に高いことが報告されています[11]。相手の表情を読み取ることや、対人関係場面での感情の推測は、女子における非行リスクにおいてより重要といえるのかもしれません。

5 おわりに

この章では、社会的不適応とＥＩとの関わりについて、青年期の問題行動の一つである非行を取り上げ、先行研究と調査の結果を踏まえて考えてきました。章のまとめとして、ＥＩと（不）適応性とはどのような関連性があるといえそうか、ひいては、ＥＩの考え方を用いて（不）適応性を論じることはできそうかについて、示したいと思います。

ただし、ＥＩが適応性を予測するか否かといった議論の前に、ＥＩの測定は、いくつかの問題点が指摘されていることを述べておかなければなりません。

ＥＩの測定は、自己報告式質問紙を用いるものや、知能テストのような形式で能力テストとして行うものがありますが、自己報告式の測定ではＥＩとパーソナリティ特性の測定が混在している可能性があると批判されています[3]。また、ＭＳＣＥＩＴなどの能力テスト式測定に関しても、その得点化にあたって問題が指摘されています[28]。すなわち、テストを行って回答を得たとしても、正解が明確である知能テストとは異なり、どの回答を正解とするかを決定するのは非常に困難だからです。スコアリングの方式としては、専門家が正解を決定する方法と、大多数の人が答える回答を正解とする方法、呈示されている刺激写真の本人が申告した感情を正解とする方法の三つが考え出されてはいますが、専門家が必ずしも正確な感情認知に長けているとも言い切れない上に、そこには誰を専門家とするのかという問題が関わってきます。また、大多数の人が回答する答えを正解とした場合、突出して感情認知に秀でている人（つまり、多くの人が答えられないような感情を読み取れる人）の回答は不正解になってしまう恐れもあります。最後の、刺激写真本人による申告は、何らかの表情写真を呈示してその人が抱いている感情を答えさせたとしても、その表情を表出している時点で写真の本人がどのような感情を経験していたかは、実はその人自身にもわかっていない場合が考えられます。

つまり、現在提案されている測定を用いて、「真にEIが高い人（ひいては、それによって高い適応性を備えている人）」を洗い出すことはまだ難しいといわざるを得ないでしょう。しかしそのような批判をしながらも、ロバートらは、諸測定の試みは、高いEIを測るには課題が残るかもしれないが、EIの特異な低さを有している人を見出すことへは貢献するかもしれないと述べています[28]。そういった意味では、現時点のEI概念は、はじめに紹介したゴールマンの主張のように、EIの高さによる人生の成功を把捉することは難しいかもしれませんが、EIの低さを捉え、さまざまな不適応につながるかどうかを検証できる可能性があります。

さて、今回紹介した調査結果からすると、非行傾向もEIの低さに関連する不適応として捉えることができそうです。こうした知見を踏まえ、非行予防や矯正教育の際にEI概念からの検討を行うことが大いに役立つのではないでしょうか。

たとえば、非行少年らに対する教育的介入として社会感情的学習がすでに適用されてはいますが、こうした実践を行う際には彼らがどのような感情経験や認知の傾向をもち、またそれがどのような経路で問題行動へつながり得るのかについて、前節の調査で得られたような知見を揃えておくことが不可欠でしょう。

ただし、今回の結果からは非行傾向の高い群は、感情を一律に認識しやすいのでもしにくいのでもなく、彼らにとって有意に知覚しやすい感情と、そうではない感情とがあることが示されました。このことを鑑みると、EIの測定において、感情の経験や知覚、認知について得点化する際に、感情をひとくくりにするのではなく、どの種の感情へどのような敏感性・鈍感性があるのかの全体バランスを明らかにするような集計方法が役に立つこともあるかもしれません。

実際に、非行少年らと同じく感情に関わる不適応反応があると考えられる被虐待児は、他者の表情から怒りや自分への悪意を過度に読み取ってしまったり[21]、普段から容易にネガティヴな感情を経験しやすい傾向がある一方で、他者に対して加害する場合に他者への共感ができなかったり、主観的に不安を感じにくかったりすることが指摘されています。[20] ここからもやはり、感情に関わる知性を考える際に感情の種類別に検討する必要がある程度あるのではないかといえます。

これらについては今後、感情研究からの知見を取り入れつつ、さらなる実証をしていく余地が残されていると考えられます。

ただし最後に、非行やその原因の多様性についても考慮が必要なことを述べておきたいと思います。一口に非行といっても、より凶悪なものから軽微なものまでさまざまな指標がありますし、その原因についても、前半でふれた通り、多くの要因が複合的に絡み合っていることは明らかでしょう。したがって、ＥＩとの関連から非行を検討する際、非行をひとくくりにして結論づけることは乱暴なことで、それゆえにこれまでの先行研究の知見が一貫してこなかったとも考えられます。今回紹介した調査では、逸脱した他者による問題行動への誘い込みリスクに対する脆弱性をもった非行傾向を想定していますが、一方で非行へ他者を巻き込む側の、より凶悪な非行少年については検討してきませんでした。遠藤[6]は諸知見から、他者の心の読み取りや感情管理に長けている子どもは、特に他者への攻撃、威嚇、搾取などの面から社会性に問題を抱えている場合があることを示しています。ここから考えると、巻き込む側の主犯格の非行少年らは、むしろ他の子たちよりもＥＩが高い可能性も考えられます。調査を重ね、それぞれの問題パターンに応じたＥＩの特徴を整理していくことが今後の課題といえるでしょう。

第７章

〝こころの知能〟（ＥＩ）と意思・動機づけとの関係——脳科学の視点から

1　はじめに

深く眠り込んでいるときを除いては、私たちは常に自分自身の〝こころ〟を、文字通り身をもって経験しているので、その存在はあまりにも自明です。偉大な哲学者デカルトも、すべてを疑った先に疑うことができない自分自身の〝こころ〟を見出し、そこから考えを進めたのでした。しかし、その〝こころ〟の存在自体を不思議に思い、〝こころ〟を自然科学の言葉で説明できないと納得できないという人たちがいます。〝脳科学者〟とか〝神経科学者〟と呼ばれるこういった人たちは、いわゆる〝文系〟の人たちからは奇妙に見られることも多いかもしれませんが、私自身もその一人ということになります。

日進月歩といわれる脳科学の分野のなかでも、意思決定や動機づけというテーマは、ひときわ発展の著しい研究領域ですが、脳科学者である私から見て、本書で扱う〝こころの知能〟（emotional intelligence：以下ＥＩ）は、意思決定や動機づけと密接な関係があるように思われます。本章では、そのことを、脳についての基礎知識をもっていなくても理解できるように、できる限り平易にご紹介したいと思います。

2　EIと前頭葉

細胞と細胞の間のコミュニケーション

私たちの身体は、膨大な数の細胞が集まってできていることは、皆さんよくご存じと思います。膨大な数の細胞が、互いに関係なく、てんでばらばらに働いていたとしたら、私たちの身体は、その時々の目的に適った行動を、何一つ起こすことはできないでしょう。そこで、膨大な数の細胞の間のコミュニケーションが大事になります。細胞間のコミュニケーションは、私たちの社会におけるコミュニケーションと同様に、いくつもの方式があります。互いに顔を合わせて直接に会話するようなコミュニケーション方式もあれば、現代の情報化社会におけるインターネット回線のように、あらゆる場所と場所をつなぐケーブルネットワークを使ったコミュニケーション方式もあります。このようなケーブルネットワークがあると、細胞と細胞の間の距離が遠くても、素早くかつ正確に連絡を送り、かつ受け取ることができますし、同じ情報を同時にたくさんの場所に送ることもできます。私たちの身体のなかにあるケーブルネットワーク自体も実は細胞からできていて、神経細胞と呼ばれています。

私たちの体全体が皮膚で覆われて外界から区別された「形」をもっているのと同じように、どんな細胞も「細胞膜」という細胞の皮膚のようなもので外から仕切られた「形」をもっています。一個一個の細胞は喋ることができませんので、代わりに細胞のなかの特殊な物質を、細胞膜から外に出して、手紙のように他の細胞へと送ることによって、他の細胞と連絡を取ります。神経細胞も細胞の一種なので、やはり特殊な物質（神経

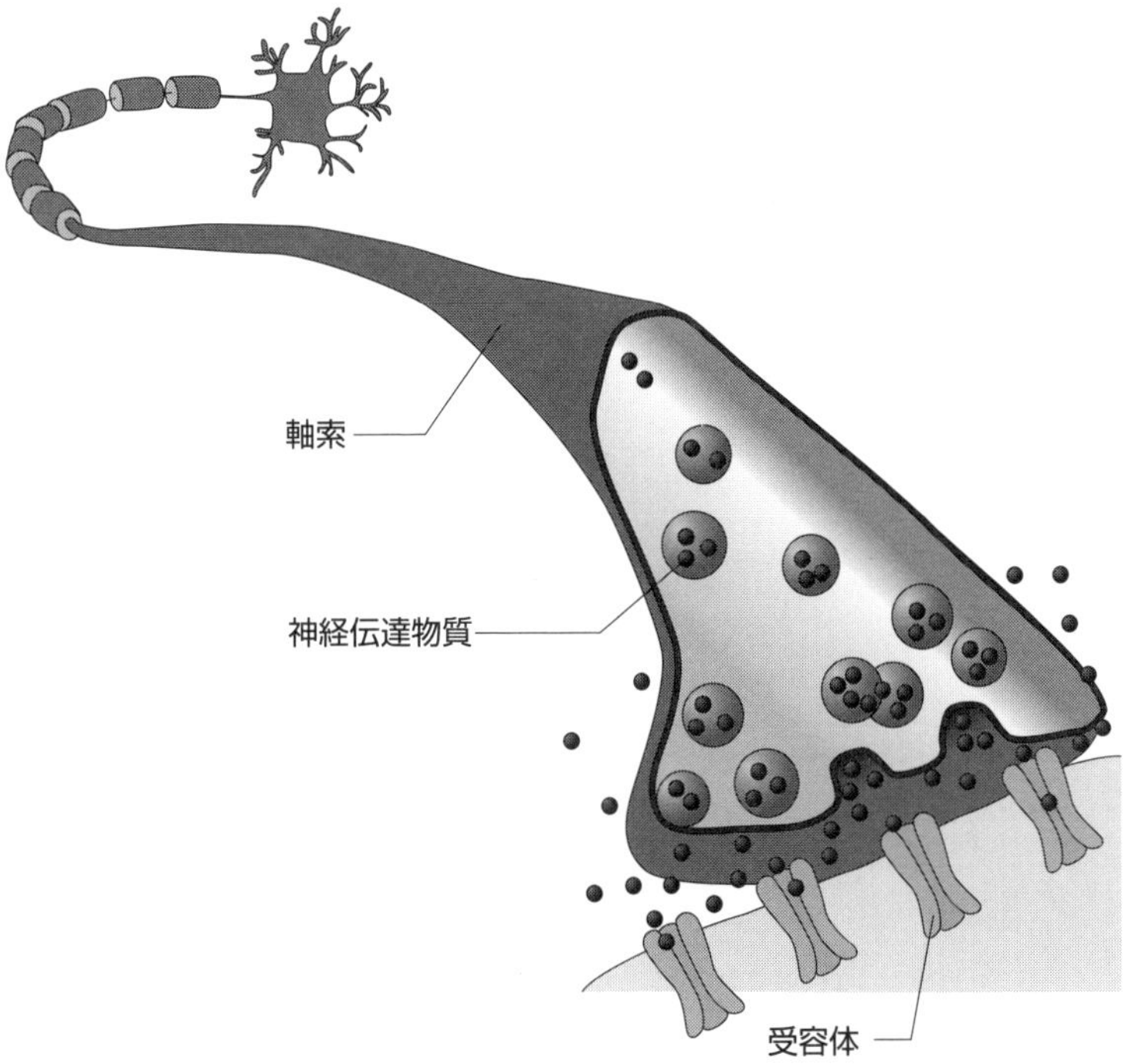

図7−1　神経細胞

伝達物質）を細胞膜の外に出して他の神経細胞やその他の細胞と連絡を取るのですが、その方式が面白くなっています。神経細胞は、電線のような非常に長い手（軸索）をもっていて、その手の先にある神経細胞やその他の細胞に、神経伝達物質を〝手渡し〟するように送るのです（図7−1）。神経伝達物質を受け取った神経細胞では、細胞膜にあるいろいろな種類の窓（イオンチャネル）が開いて、電気を帯びた物質が細胞膜の内外を出入りすることによって、電気が生じます。これが軸索の先まで伝わっていくと、そこから次の細胞に、神経伝達物質が渡されることになり、順々に連絡が伝わっていくのです。

脳の成り立ち

脳は、非常に多くの神経細胞が集中的に集まってできています。私たち人間の脳のなかには、だいたい800億～1000億個ぐらいの神経細胞が集まっているといわれています。国連発行の『世界人口白書2011』によると、世界の総人口が70億人ですから、その数のスゴさはご理解いただけるでしょう。そして、地球上の陸地が、六つの大陸に大別されるように、脳も、大脳、間脳、中脳、小脳、橋、延髄と、たまたま同じ六つに大別されます。このうち、〝こころ〟に最も関係の深い場所は、150億個ぐらいの神経細胞が集まっている、大脳です。なぜそういえるかというと、外傷や脳卒中などによって大脳の特定の部分が損傷すると、物の形を描き写すことはできるにもかかわらず、その物が何であるかがわからなくなったり、大脳の別の特定の部分を電気的に刺激してそこにある神経細胞を人工的に働かせると、刺激した場所に応じて、聞き覚えのある声が聞こえたり、体を動かそうという意図が感じられたりするからです。

目が左右に二つあるのと同様に、大脳も左右に二つあります。それぞれ左半球、右半球と呼びます。それぞれの半球はさらに四つの部分に分けることができます。前の方にある前頭葉、後の方にある後頭葉、頭のてっぺんにある頭頂葉、そして側頭部にある側頭葉です（図7－2A）。

前頭葉と運動

前頭葉は、大脳の前の方にあり、その後端は、上下方向に走る太い溝（中心溝）で仕切られています。前頭葉は、大雑把にいうと、大脳の後ろの方の他の領域からいろいろな感覚の情報を受け取って、それらの情報を

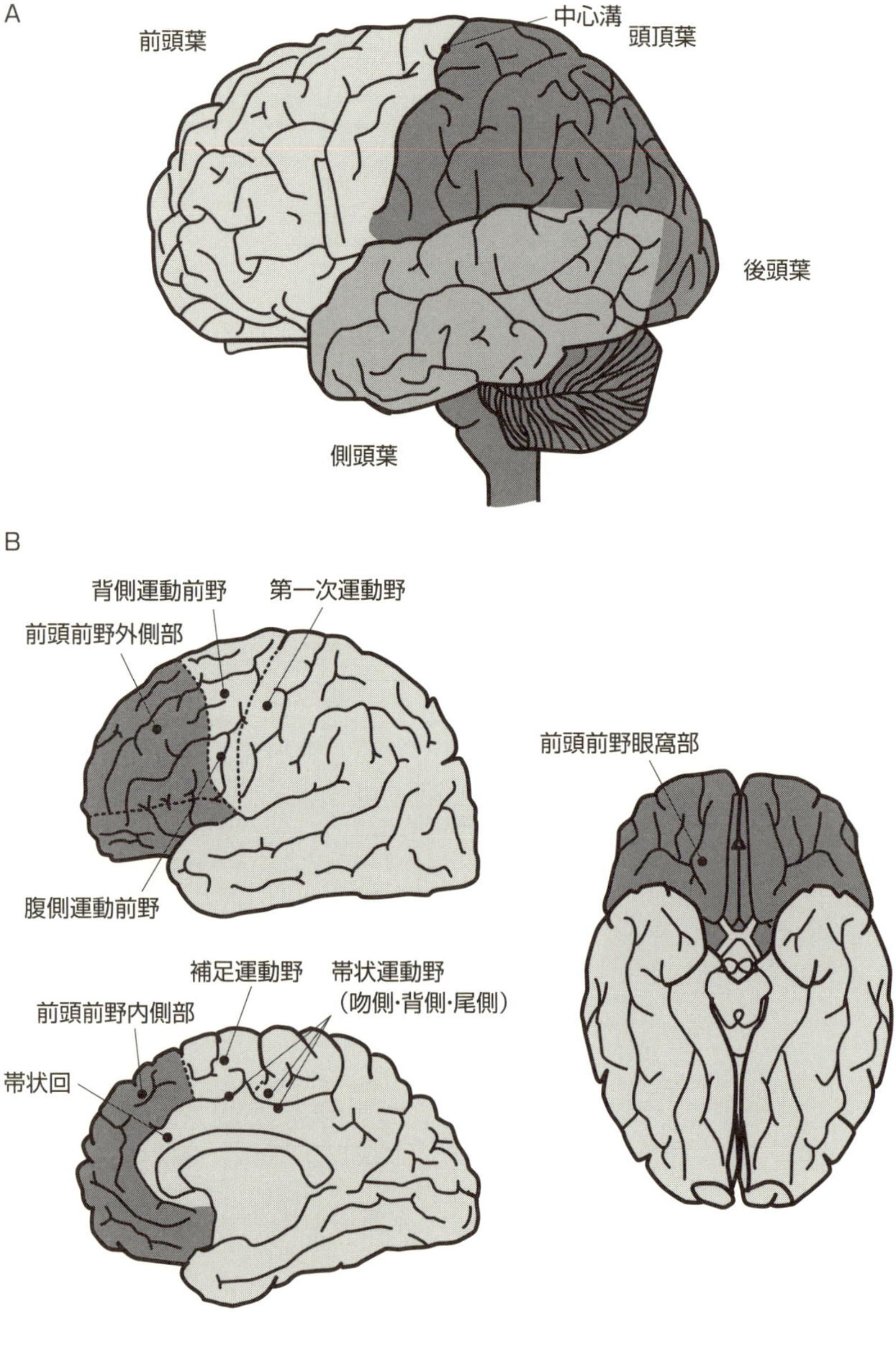

図 7-2 大脳・前頭葉・前頭前野

もとに行動の制御を行っています。「行動の制御をどれほど知的に行うことができるか」。これこそが、脳科学的に見た、ＥＩの一番重要な側面であると考えられます。ですので、前頭葉の働きを、もっと詳しく見ていくことにします。

前頭葉と一口にいってもその領域は広く、前頭葉の後の方、つまり中心溝のすぐ前に位置する場所（第一次運動野）は、体のどの筋肉をどのくらい緊張させて、どのように動かすかを司っています。第一次運動野の一部を電気的に刺激して、そこにある神経細胞を人工的に働かせてやると、対応する筋肉が緊張して、体の一部分が動きます。第一次運動野のどの場所が体のどの部分の筋肉と対応しているかを詳しく調べると、第一次運動野上に体の地図を描くことができます。このようにして描かれた体の地図は、脳のなかの小人（ホムンクルス）と呼ばれます。人間と同じ霊長類に分類されるサルで行った同様の実験から、前頭葉のなかにホムンクルスは、第一次運動野に一人いる以外に、その少し前の場所（高次運動野）にも、少なくとも６人いることがわかっています（背側運動前野・腹側運動前野・補足運動野・吻側帯状運動野・背側帯状運動野・尾側帯状運動野、**図７－２Ｂ**）。これらのホムンクルスがいる場所にある神経細胞の多くは、その軸索を、脳につながって背骨のなかにぶら下がっている脊髄の中にある神経細胞にまで伸ばしていることもわかっています。高次運動野では、受けた感覚情報に応じてどんな運動を起こしたらよいか決めたり、違った運動をどんな順番で起こしていくかを決めたり、報酬をもらうためにはどんな運動を起こしたらよいかを決めたりしています。

前頭前野の働き

前頭葉のなかでもその前の方は、前頭前野と呼ばれます。前頭前野にはホムンクルスは見つかっていませんし、そこにある神経細胞は、軸索を脊髄にまで伸ばしてはいません。したがって、前頭前野を電気的に刺激して、そこにある神経細胞を人工的に働かしても、体の一部が動くことはありません。前頭前野を損傷しても、感覚や運動に異常が見られないばかりか、簡単な知能テストでも正常であったりするため、古くはその機能がよくわからず、「沈黙野」と呼ばれたこともあるほどです。しかし、前頭前野こそが、知的な能力の発達したサルや人間で、他の動物種よりも際立って大きく発達しています。前頭前野は、具体的にどんな運動を起こすかということよりも、もっと抽象的なレベルの情報処理によって、行動を制御していると考えられるのです。

前頭前野に損傷を被った患者の症状の内容と、前頭前野損傷の影響を調べた多くの動物実験から、前頭前野は、場所によって異なる少なくとも複数の認知／感情機能を担っていることが明らかになっています。

前頭前野は、その解剖学的な位置によって、外側部、内側部、そして眼窩部に分けられます（**図7-2B**）。一般に、眼窩部に損傷があった場合には、行動の活動性が亢進される傾向があるのに対して、内側部や外側部に損傷があった場合には、逆に抑制される傾向がありますが、どの領域の損傷によっても共通してみられる影響として、臨機応変な行動ができなくなり、同じ行動を繰り返してしまうようになる「保続」が挙げられます。[7] たとえば、前頭前野外側部に損傷のある患者さんは、最初に、○を描いてくださいと言うとちゃんと描けるのに、次に□を描いてくださいと言うと、最初に描いたのと同じ○を描いてしまうという症状が現れることがあります。また、もう少し高度なルールに基づいた行動に見られる保続もあります。トランプに似たカードを1枚ずつ引き、これを色、形、数の三つの属性のいずれかによって分類する心理テスト（ウィスコンシンカード分類テスト）（**図7-3**）があるのですが、この心理テストを行っている際、分類のために着目すべき属性が変わったときに、その変更についていけなくなります。たとえば、色に基づいてカードを分類するルールから、突然、数に基づいて分類するルールに切り替わると、その変更についていくことができず、色に基づいた分類をし続けてしまう、ということになります。他にも、道具を目にすると、それを手にとって使わずにおれないという症状（強迫的使用行動）もあります。[6] それが誰の物か、また触れていい物かどうかもわからないのに、とにかく使ってしまうので、強迫的使用行動も、その場に応じた臨機応変な行動ができなくなっていると見ることができます。

前頭前野の重要性を如実に示した最も有名な例は、フィニアス・ゲイジという米国人男性の事例です。[4] ゲイジは有能な工事現場監督でしたが、１８４８年9月13日、鉄道建設の工事中に、太さ3センチくらい、長さ１メートル余りの鉄の棒が、左頬から前頭部に突き抜けるという恐ろしい事故に遭ってしまいました。左眼を失明してしまいましたが、不幸中の幸い、一命は取り留めました。ところが、その事故以来、ゲイジの人格は一変してしまい、行動は衝動的になって、不道徳であったり、他人を不快にする言葉を発したりするようになってしまった他、仕事の計画を立ててもすぐにそれを白紙撤回するようになってしまいました。ゲイジの知人たちは彼のことを「もはやゲイジではない」と言った、と報告されています。明らかにＥＩが下がっているといえるでしょう。

ゲイジの脳の損傷部位は、前頭前野の左側の眼窩部から左右の内側部にかけての場所でした。[3] 人格や社会性の異常をきたすゲイジのような患者さんが、健常者のようにはうまくこなせない課題（アイオワ・ギャンブル課題、**図7-4**）が、１９９４年に報告されました。[2] この課題は、賞金のついた四つのカードの山から、一番上のカードを一枚ずつ選んでいくだけの簡単なものです。四つのうち二つのカードの山は、もれなくついてくる賞金は大きいけれども、ときおり大きな罰金を支払うことになるハイリスク・ハイリターンの山で、残りの二つのカードの山は、もれなくついてくる賞金は小さいけれども、ときおりやってくる罰金も小さいローリ

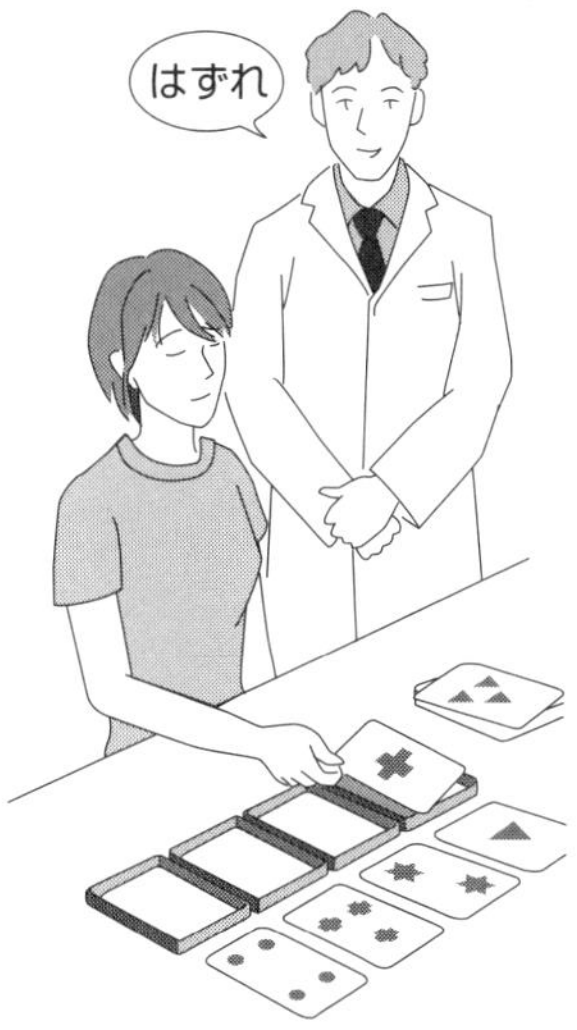

図7-3　ウィスコンシンカード分類テスト

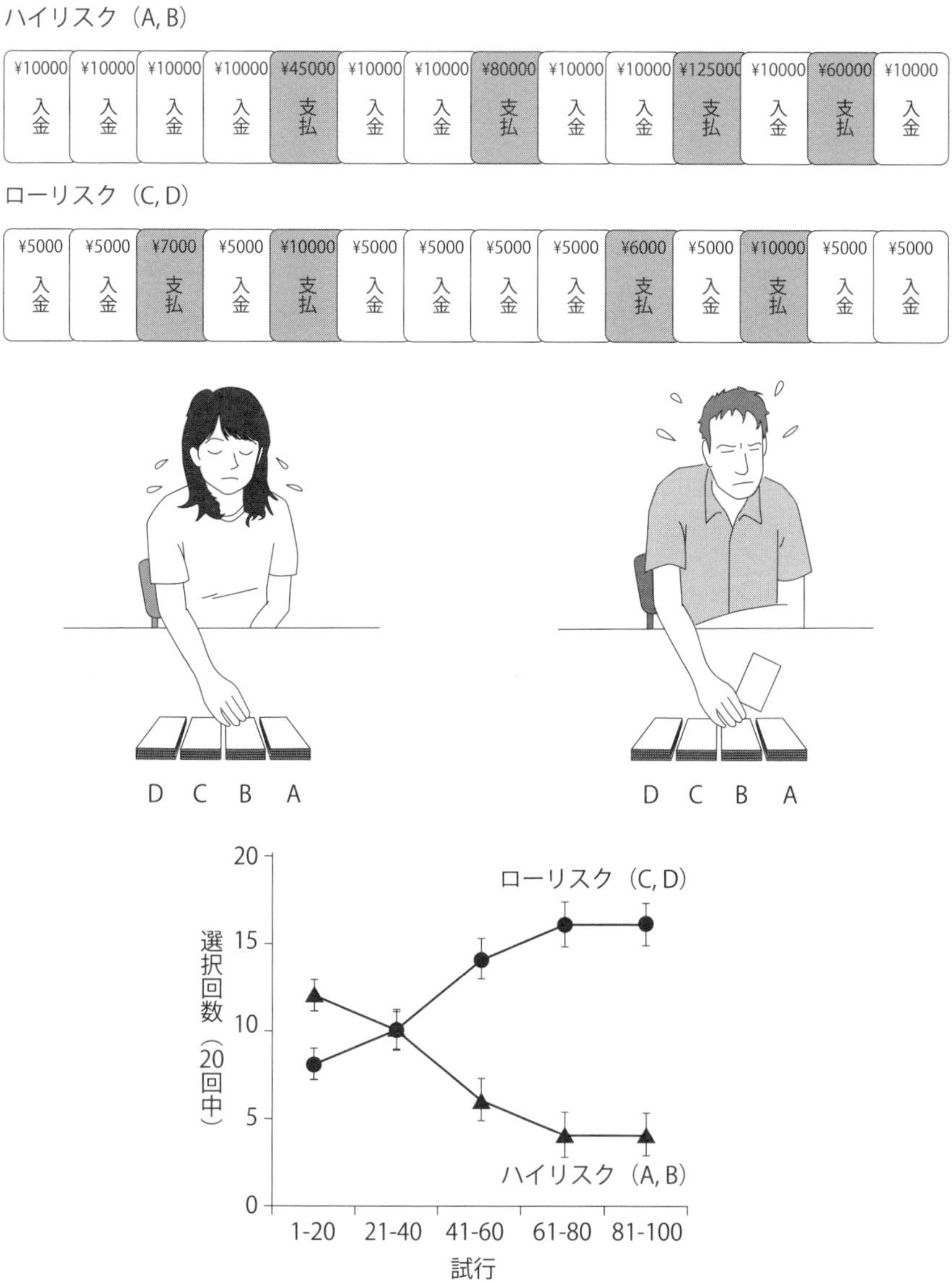

図７-４　アイオワ・ギャンブル課題

スク・ローリターンの山です。どのカードの山がハイリスク・ハイリターンで、どのカードの山がローリスク・ローリターンかは、課題を行う前にはわかりませんが、課題を進めるうちにわかってきます。そして長期的に見ると、ローリスク・ローリターンの山を選んだ方が、たくさんの賞金を貯めることができるようになっています。

健常者は、最初は、もれなくついてくる賞金の大きいハイリスク・ハイリターンのカードを選ぶようになっていきますが、大きな罰金を一度経験すると、ハイリスク・ハイリターンのカードを選ぶことに対する躊躇の念が現れてきて、徐々に長期的に有利な、ローリスク・ローリターンのカードを選ぶようになっていきます。その結果、最終的に多くの賞金を獲得することができます。しかし前頭前野の眼窩部や内側部の損傷患者は、ハイリスク・ハイリターンのカードを選ぶことに対する躊躇の念が起こってきません。その結果、ハイリスク・ハイリターンのカードを選び続け、賞金を多く貯めることができません（図7－4下）。このように、長期的なリスク予測が、ゲイジのような前頭前野損傷患者はできなくなってしまったことによって、ゆくゆくは自分に対して不利益を起こすことになるような振る舞いを、他人に対してもしてしまうのだと解釈されました。

3　前頭葉―線条体ループの役割

線条体と欲求

大脳の表面には、神経細胞がたくさん集まっていて、深いところは、それらの神経細胞が伸ばした軸索がたくさん走っている連絡路になっています。しかし、大脳の深いところにも、たくさんの神経細胞が集まってできている構造（核といいます）があります。これを大脳基底核と呼びます。大脳基底核は、さらにいくつもの核に分かれるのですが、そのうちの最も大きな核を線条体と呼びます（図7-5）。線条体は、オタマジャクシが背中を丸めたような形をしていて、これが左右の一対あります。線条体の神経細胞も、やはりさまざまな神経細胞から、神経伝達物質を受け取って電気を起こし、軸索を通じて別の神経細胞に神経伝達物質を受け渡します。それによって、私たちは欲求を満たすことができるようになっているのです。

まず第一に、線条体には、前頭葉の神経細胞の軸索が伸びてきています（図7-5）。ですので、前頭葉がどんな運動や行動を起こしているかについて、逐一、線条体に知らされています。また、線条体〝オタマジャクシ〟のどの部分かによって、前頭葉のどのホムンクルスから、あるいは前頭前野のどの部分から軸索が伸びてきているかが、異なっています。[1] したがって、どの筋肉を動かしているかといった、運動の細かなことを知らされている部分と、行動をどんな理由で制御しているかといった抽象的なことを知らされている部分とは異なっており、線条体のなかでも役割分担があります。しかしこれだけでは、起こしている行動について線条体は教えられているだけで、私たちが欲求を満たすことができる仕組みは成り立ちません。

もう一つ大事なことは、線条体には、脳幹の中脳にある特別な神経細胞から、大量の軸索が伸びてきていて、これがさらに、たくさんの枝分かれをしているということです（図7-5）。この、中脳から線条体に大きく拡がった軸索からは、ドーパミンという神経伝達物質が受け渡されます。線条体には、大量のドーパミンが含まれているわけです。実はこれが、線条体が、私たちの欲求を満たすための行動を導く秘密なのです。

神経伝達物質としてドーパミンを線条体に大量に供給するもとになっている、中脳の神経細胞のことを、中脳ドーパミン細胞と呼びます。中脳ドーパミン細胞は、特別なことがなくても電気的な活動を起こしていますが、何か予想外に嬉しいことがあると、その一瞬だけ活動が高まります。逆に、嬉しいことがあると予想していたのに、それが期待外れな結果になると、一瞬だけ活動を停止して黙ってしまいます。この中脳ドーパミン細胞の反応は、線条体に伸ばした軸索からのドーパミンの受け渡しの度合いとして、線条体に伝わります。こ

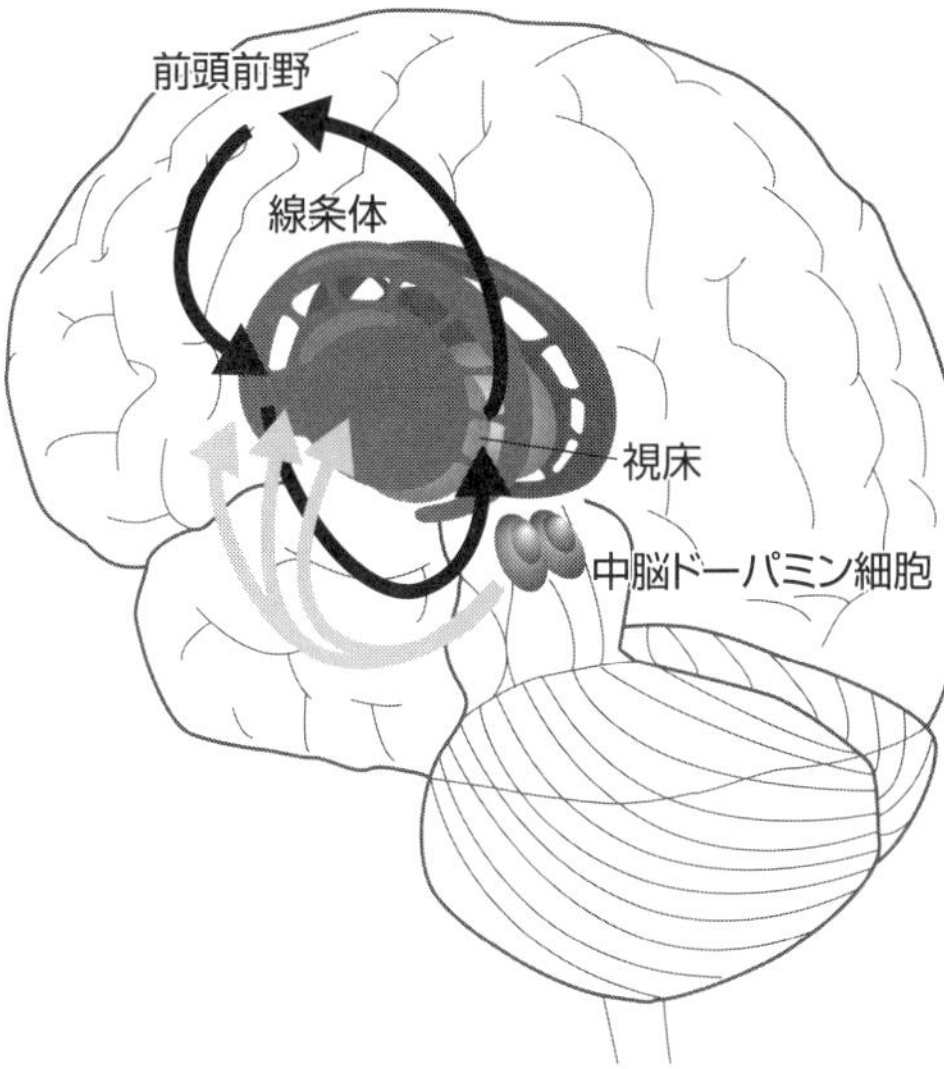

図7-5　前頭葉―線条体ループ

のようにして、実際に起きた結果と予想との差の信号、「予測誤差信号」を、中脳ドーパミン細胞は線条体に伝えているのです[9]。

この予測誤差信号を、線条体が中脳ドーパミン細胞から受け取ったまさにそのとき、どのような行動を起こしていたかについて、細かな筋肉の動きから抽象的な行動の内容まで、線条体は前頭葉から伝えられています。ある行動を起こした結果、予想外に嬉しいことがあったとすると、そのときに一時的に多めにドーパミンが、線条体の神経細胞に受け渡されます。すると、ドーパミンによって、その特定の行動の情報だけが、より効率的に受け取られるように、線条体の神経細胞の働きが少し変わります。逆に、ある行動を起こした結果、期待外れなことがあると、一時的にドーパミンが受け渡されなくなります。すると今度は、その特定の行動の情報だけは、あまり受け取られなくなるように、線条体の神経細胞の働きが少し変わります。このようにして、前頭葉から効率よく線条体に伝えられる行動と、線条体にあまり伝えられない行動とが、生活環境の違いによって、徐々に分かれてきます。

最後に大事なことは、このようにして、線条体でできあがってきた行動の区別が、線条体の神経細胞から、間脳の視床の神経細胞に、そしてさらに、行動のもととなっていた前頭葉の神経細胞に戻して伝えられます。このような前頭葉→線条体→視床→前頭葉という連絡ループ（前頭葉―線条体ループ、図7-5）を通じて、予想より嬉しい結果を引き起こす行動を、脳はどんどん起こすようになり、期待外れな結果を引き起こす行動を、脳は起こさなくなります。これが、私たちの欲求を満たす行動が導かれる、脳の仕組みなのです。

線条体と意思決定

このように、線条体では、さまざまな行動を区別し、それぞれの行動をどのくらい起こしやすいかを決めています。言い換えれば、それぞれの行動について、どのくらい起こしたいかという欲求の強さが、私たち一人一人の経験に基づいて、私たち一人一人の線条体で決まっているのです。

このことは、実は、私たちがどのように意思決定を行っているかを考える上で、とても大事なことです。どのようなときに、私たちは、意思決定をしなければならないでしょうか。たとえば学生なら、試験前日の夜、「試験勉強をしようか、それとももう寝てしまおうか」と葛藤が起こる場面を経験したことはきっとあることでしょう。寝ながらにして試験勉強ができるのならそのような意思決定は必要ありませんから、同時にできない二つの行動のうち、どちらを選ぶかを問われる場面、そんなときに私たちは意思決定を問われるわけです。

寝てしまった結果、試験で失敗して後悔したとか、眠いときに試験勉強をもうひと踏ん張りして、それが功を奏したとか、そんな経験から、線条体では、寝てしまうという行動の起こりやすさ（＝欲求の強さ）と、試験勉強するという行動の起こりやすさを、過去の経験から学習しています。線条体では、意思決定する前に、この二つの行動の起こりやすさ（＝欲求の強さ）が比較されるのです。このとき、どのくらい試験勉強が進んでいるかとか、どのくらいの点数を取りたいかとか、あるいはどのくらい眠いかとか、どのくらい眠った方が試験当日に頭が冴えそうかとか、いろいろな要因も考慮して、二つの行動に対する欲求の強さが比較されます。そのような、文脈に依存するいろいろな要因については、前頭前野から線条体に情報が送られると考えられます。そして、意思決定を一旦してしまえば、もう比較する必要はなく、ただその行動を実行に移すだけでよくなります。

このように、中脳ドーパミン細胞から送られる予測誤差信号を受けて、前頭葉—線条体ループを情報が回ることにより、生活環境に合わせた、適切な意思決定をできる仕組みが、私たちの脳には備わっているのです。この仕組みが、私たちの意思決定の仕方に現れるＥＩを決める上で、とても大事な役割を担っていると考えられます。

認知的不協和の解消

イソップ童話のなかに、「酸っぱいブドウ」という有名なお話があります（図7-6）。高い木にぶら下がっているブドウを物欲しそうに見ていたキツネが、高すぎて手が届かないそのブドウを諦めるときに、「どうせあのブドウは酸っぱいに違いない」と、負け惜しみを言いながら立ち去っていく、というお話です。ブドウが欲しいのに、そのブドウを手に入れることができない、というような矛盾した状態にあると、私たちは嫌な気になります。これを「認知的不協和」と呼びます。このようなとき、私たちは、認知的不協和を解消しようと動機づけられます。認知的不協和を解消する方法は二つあります。一つは、現実そのものを変えるという積極的

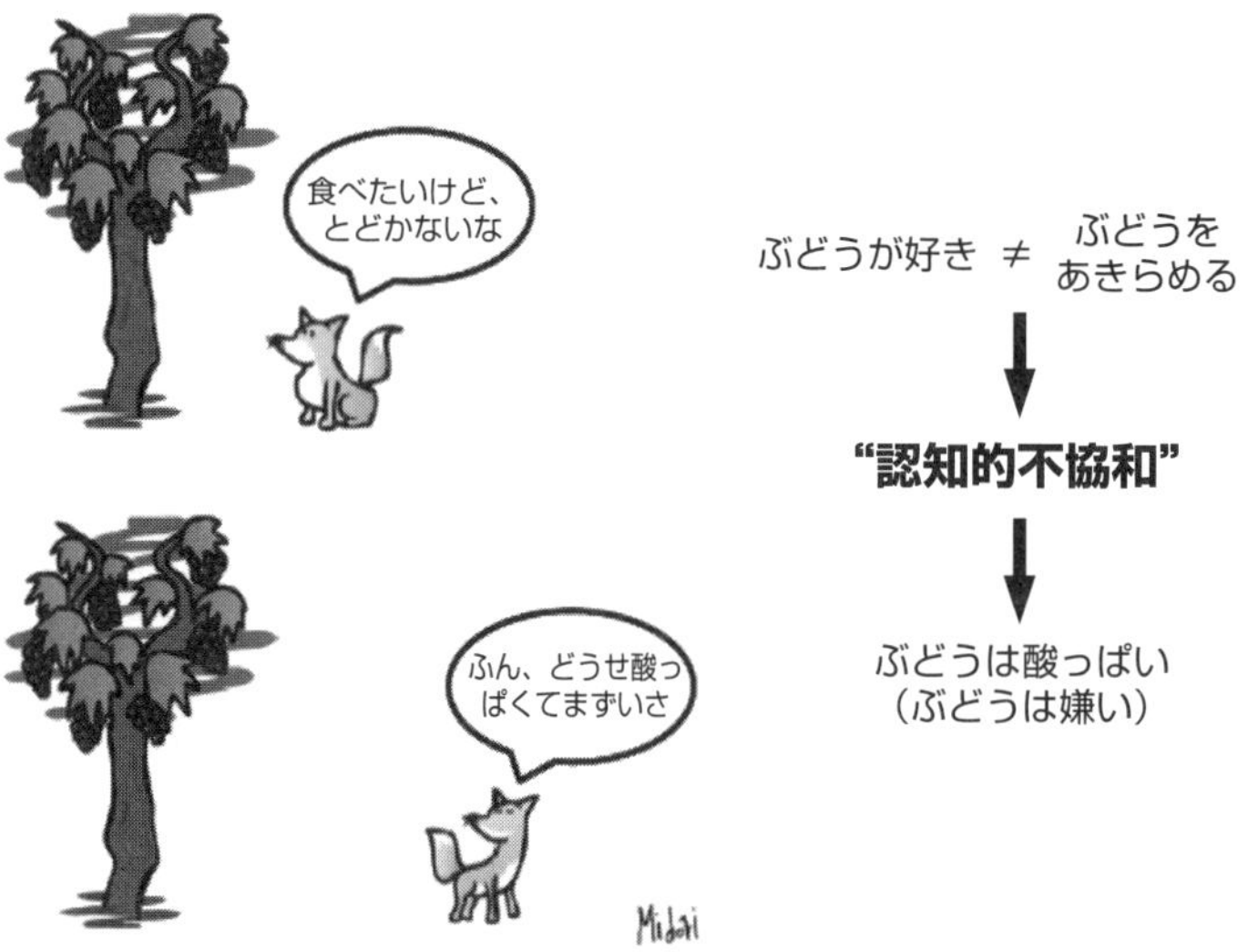

図７−６　認知的不協和

な解消法。手が届かないブドウの場合には、それを手に届くようにすることです。たとえば、長い枝切りバサミを調達して、ブドウの房を切り落とします（「酸っぱいブドウ」ではそれはできませんでしたが）。もう一つは、自分の欲求の側を変えてしまうという消極的な方法。「あのブドウは酸っぱいから欲しくない」というように、です。

ブドウが好きなキツネは、ブドウを目にすると、ブドウを手に入れて食べるという行動が動機づけられます。このプロセスには、上にも書いたように、線条体が重要な役割を果たしています。しかし、これが手に入れられないとなると、認知的不協和が生じます。このプロセスは、左右の前頭葉が合わさったところにある、帯状回という場所（**図7−2**）で起きていることがわかっています。そして、この認知的不協和が生じたことは、帯状回から前頭前野に伝えられ、「そのブドウは酸っぱい」ということが呼び起こされます。これがさらに線条体に伝えられた結果、ブドウを手に入れて食べたい、という行動の欲求は弱められるのです。

私たちの日常生活は、思うようにならないことの連続だったりします。しかし、少しくらい不条理なことがあっても、その認知的不協和が、帯状回から前頭前野に伝えられ、前頭葉─線条体ループを介して、動機づけが変化するので[5]、過度に取り乱したりすることなく、日々の生活を送ることができるのだと考えられます。

アンダーマイニング効果

動機づけの変化については、内発的動機が、外的報酬によって、損なわれてしまうという話もあります。たとえば、計算が好きな子がいたとします。暇さえあると、計算問題を解いています。このように、特にご褒美などなくても、それをやること自体が好きだからやる、そんな動機を、内発的動機と呼びます。内発的動機に基づいて、計算問題を解いている子に、「問題がたくさん解けたら、１０００円のご褒美をあげるよ」と伝えると、もちろん喜んで問題を解きます。そして１０００円のご褒美をもらいます。次の日、「今日も、問題がたくさん解けたらご褒美をあげるよ。だけど今日は５００円しか持ってないから、ご褒美は５００円ね」と伝えます。ちょっとだけ物足りなさを感じながらも、やっぱり問題を解いて、ご褒美をもらいます。その次の日は、ご褒美はもっと減ってしまって、１００円。そしてさらにその次の日には、「もうお金がなくなっちゃったからご褒美はあげられないんだ、ごめんね」と伝えて、ご褒美はもらえなくなりました。こんなことをしてしまうと、もともと計算問題を解くのが好きだった子でも、好きではなくなってしまいます。このように、もともと内発的動機に基づいてやっていた行動をお金のような外的報酬のためにやる、ということを経験させると、内発的動機が損なわれてしまう現象を、アンダーマイニング効果と呼びます（図７‐７）。先の例では、ご褒美のお金のために計算問題を解く、という経験をしたために、計算問題を解く内発的動機が損なわれてしまったわけです。ご褒美のお金がもらえるうちは計算問題を解くのですが、もうすでに内発的動機は損な

図７-７ アンダーマイニング効果

われてしまっていますから、ご褒美なしには計算問題を解かなくなってしまうのです。

内発的動機に基づく行動を導くのも、やはり前頭葉―線条体ループです[8]。内発的動機に基づく行動をこれから起こそうというときには、前頭前野の活動が高まります。これが線条体に伝えられ、その行動がうまくいったときには、線条体の活動が高まるのです。ここで、外的報酬としてお金のご褒美を用意して、ご褒美のために同じ行動を起こしてもらいます。すると、やはりその行動をこれから起こそうというときには前頭前野の活動が高まり、うまくいくと、線条体の活動が高まります。お金というご褒美のために、その行動が動機づけられるからです。しかし続いて、ご褒美をなくしてしまうと、その行動をこれから起こそうというときの前頭前野の活動も、うまくいったときの線条体の活動も、著しく低下してしまうのです。

先にも述べたように、前頭葉―線条体ループは、私たちが生活環境にうまく適応した欲求をもつことを可能にしています。これは、私たちのＥＩを決める、とても大事な要因となっています。しかしその反面、生活環境への適応が行き過ぎてしまうことがある、ということをアンダーマイニング効果は示しているといえるでしょう。

4 おわりに

私たちの脳は、どんなふうにできていてどんなふうに働いているか、そして前頭葉がＥＩにどれほど重要であるか、さらに、前頭葉―線条体ループと中脳ドーパミン細胞のおかげで、私たちの欲求は、生活環境に適応するように作られており、その仕組みを使って、日々の意思決定を行ったり、動機づけを変化させたりできるということについて、本章ではできるだけ平易な説明を試みました。個々人が、それぞれの生活環境のどれほど多くのことを考慮して、どれほど柔軟に適応しているかは、個々人の前頭葉―線条体ループの働きに依存します。そういう意味で、意思決定や動機づけは、前頭葉―線条体ループを介して、ＥＩに関係しているといえます。しかし、アンダーマイニング効果のように、時として、前頭葉―線条体ループは、環境に過剰に適応してしまうことがあります。このようなことが起きないようにするためには、脳の仕組みとこころとの関係を踏まえた上で、自分自身をよく理解し、より自分らしく生きるための環境を、自分の責任で選んでいく必要があるでしょう。また、一人一人が自身に適した環境を選んでいくことができるよう積極的に支援するような教育環境、社会環境を整えていくことも、私たちのＥＩを決める、さらに大きな要因だと思われます。これらの要因については、本書の他の章をご参照いただけますと幸いです。

第8章 感情知性（ＥＩ）の測定はどこまで客観的か

1 はじめに

心理学は高等学校までの授業科目になく新鮮に見えるのか、大学における全学教育（教養科目）で受講を希望する学生が多くいます。受講希望を尋ねるとその多くが人間関係に悩んでいて、心理学の授業を取ることで問題を解決できるのではないかということでした。

感情知性（emotional intelligence：以下ＥＩ）は人間関係の基礎となるコミュニケーションに関連した指標です。授業のなかでも社会心理学の内容を中心に人間関係やコミュニケーションについて扱いますが、知識だけでは問題を解決することはできないと授業で話すようにしています。こころの専門家である心理学者の間で皮肉にもトラブルが絶えず、学生の皆さんと同じように悩みを抱えていると伝えています。

多くの学生が興味をもつ人間関係に関わる問題は、他者とのコミュニケーションの問題が原因の一つであると考えてもよいです。ＥＩはこれまでの章で述べられてきたように、自己や他者の感情（情動）に関して、いかに認識し、表出し、理解するかに関連した指標です。このＥＩは、実体のない抽象的なものであるため、身長を測るように簡単に測ることが難しいものです。しかしながら、心理学では、このような抽象的な概念についても数字で表現するという測定を行います。

身近な例でいうと学力テストは、学力という抽象的な概念を測定するために利用される「ものさし」です。問題に対してどれだけ正答できたかで、その人の学力を数字で表現します。ＥＩも学力テストの考え方と同じです。ただし、ＥＩという概念自体が比較的新しいため、測定に関して問題点がないかを検討中であるというのが実情です。

2　こころを測定するとは

ある対象に対する属性について、ある基準に従い数字によって表現することが測定です。基準に従っていれば誰でも同じ結果を得ることができることから、測定すること自体に客観性が含まれているといえます。ただし、測定を行う際に利用される基準がしっかりしていないと測定自体が安定せず、客観性は低くなります。したがって、客観性を高めるためには良い測定が行われていることが必要です。

それでは、ＥＩにおいて良い測定とは何でしょうか。心理学では、ＥＩのような抽象的な概念を測定するために心理テストが利用されます。この心理テストの良さを決める観点として信頼性と妥当性があります。

心理テストの基本的考え方を示したものが**図8－1**です。ここでは計算能力という抽象的概念を例として取り上げています。この抽象的な概念のことを専門的な用語では構成概念といいます。構成概念とは、心理学の場合、心理的な現象を説明するために導入された概念で実体のないものです。たとえば、性格と呼ばれるものも構成概念の一つですが、これは人の行動傾向を説明するために導入された概念だといえます。

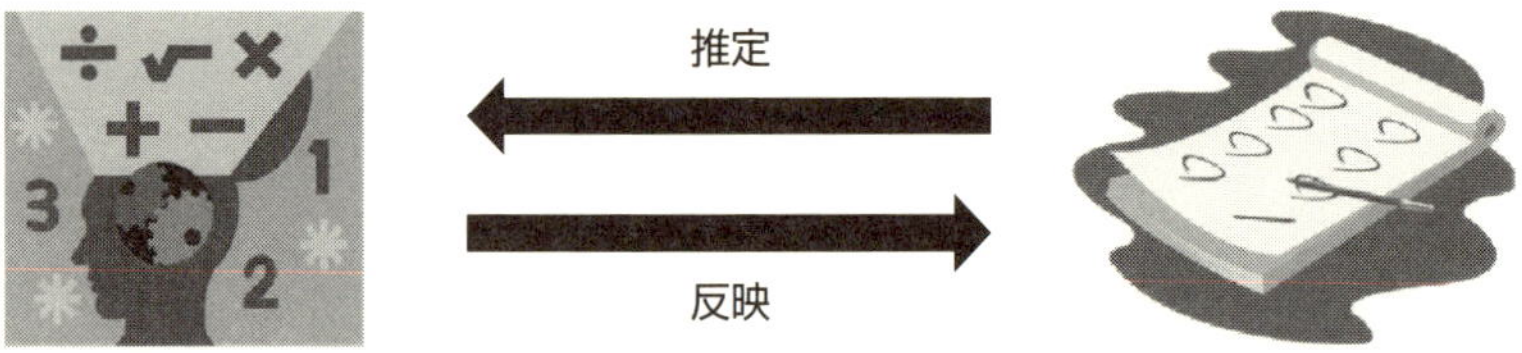

図８−１　心理テストの基本的考え方

図８−１に戻りますと、構成概念である計算能力を測定するために、基準となる「ものさし」として計算問題が利用されます。この計算問題が心理テストということになります。ここで仮定されていることは、計算能力の高い人は、その能力が反映されて計算問題で多く正答し、逆に計算問題に多く正答するということは計算能力が高いことを示しているというものです。日常生活においては、当然のこととして捉えられているため、多くの人はこの仮定を意識することなく心理テストに接していることになります。

このように構成概念は抽象的で実体のないものであるため、図８−１の仮定の下で、心理テストを通じて間接的に測定されます。そのため、先に述べました心理テストの良さを決める信頼性と妥当性という観点が重要となります。

3　心理テストの信頼性と妥当性

心理テストは、ＥＩなど構成概念を測定するための「ものさし」で、物の長さを測る際に利用する巻き尺に相当するものです。巻き尺の場合は、長さを測定したい物に巻き尺を当てて目盛りを読むことで長さを直接測ることができます。構成概念である計算能力の場合、計算テストの問題に正答したら１点、誤答したら０点とし、テストに含まれる問題への解答状況をもとに得点を算出します。このテスト得点が計算能力を表していると仮定します。この仮定を支えているのが信頼性と妥当性という観点です。心理テストでは、この信頼性と妥当性の高いことが要求されます。

信頼性は，「ものさし」の目盛りの精度です。繰り返し測定しても同じ結果が得られることを保証するものです。たとえば，巻き尺がゴムでできていたらどうでしょうか。長さを測る度に伸び縮みして，繰り返し測定しても同じ長さが得られないかもしれません。これでは，「ものさし」としては役に立ちません。同様に心理テストも繰り返し測定しても同じような結果，つまりテスト得点が得られる必要があります。測定する度に同じような結果，つまりテスト得点が同じであれば信頼性が高いということになります。実際に確認する方法としては，同じ心理テストを同一人物に2回実施し，同じような結果が得られるか確認します。ただし，学力に関わる概念の場合，学習効果があるため，同じテストを2回利用せず，難易度がほぼ同じであるテストを利用して確認します。

もう一つの観点である妥当性は，心理テストが本来測定したい構成概念を的確に測定しているかというものです。物の長さの場合は，巻き尺で測定された数値が物の長さであるということは疑問の余地がないと思いますが，抽象的な概念である構成概念を心理テストが本当に測定しているのかどうか疑問をもつかと思います。実際，妥当性を確認することは簡単ではありません。計算能力と計算問題との対応づけについては比較的納得しやすいですが，本書で扱っているＥＩということになると，疑問に思う方も多いと思います。

妥当性の確認は確かに難題ですが，ＥＩの場合，これまでの章に示されているように，ＥＩに関して明確な定義がなされています。つまり，ＥＩとは何かについて説明しています。また，この定義に基づいて実際の心理テストが作成されています。このことによって，妥当性の一側面が保証されていると考えてください。他に妥当性を確認する方法としては，ＥＩの場合，指数が高いと人間関係が良好であると理論的に予想されます。そこで，指数の高い人が人間関係においても問題を抱えず良好なのかを面接や観察，あるいは別の心理テストで確認します。もし，指数の高い人の多くが人間関係においても良好であれば，そのテストの妥当性は高いと

表 8-1　特性としての感情知性の 15 特性

特性（因子）		
1．適応力	6．感情の制御	11．社会的気づき
2．アサーティブネス	7．衝動性の低さ	12．ストレスマネージメント
3．感情の知覚（自己と他者）	8．対人関係スキル	13．共感特性
4．感情の表出	9．自尊感情	14．幸福特性
5．感情の操作（他者）	10．自己動機づけ	15．楽観的特性

いうことになります。

4　特性としてのＥＩの客観性

本書の第1章やペトリデスとファーンハムによって述べられているように[7]、ＥＩについては、特性的なものであるとする考え方と能力的なものであるとする考え方の二つに大きく分けることができます。特性とは、時や状況によらない比較的安定し一貫性のあるこころや行動の特徴を表す概念で、性格がその代表として取り上げられます。ＥＩでは、ペトリデスとファーンハムが、**表8-1**のような15の特性を見出しました[7]。

特性としてのＥＩは、性格テストと同じように、アンケートに示された質問項目に対して回答者が自己評価して回答する質問紙法によって測定されます。たとえばペトリデスとファーンハムの研究[7]では、回答者が、「他の人の視点で物事を見ることは難しいと思う」という質問に対して自分自身がどの程度当てはまるかを「とてもあてはまる」から「全くあてはまらない」まで5段階で回答します。このような質問項目が150程度あり、研究において数百人規模のデータを取り、因子分析と呼ばれる統計的な方法を利用して信頼性が高まるように質問項目を選択しています。ペトリデスとファーンハムの研究[7]の後に開発されたＴＥＩＱｕｅ（Trait Emotional Intelligence Questionnaire）では、**表8-1**に示された15の特性それぞれに関して10前後の質問項目[7]が用意されています。

因子分析を利用すれば信頼性の高い項目を選ぶことができ、さらに**表8－1**の15の特性それぞれについて信頼性の指標を数値で示すこともできます。各特性を測定する質問項目の内的整合性を表す指標でα係数と呼ばれます。ＴＥＩＱｕｅでは、すべての特性において.70以上の値を示しており、信頼性については大きな問題がないと考えられます。質問紙を利用したＥＩに関してはＴＥＩＱｕｅと同様な手続きで測定され、信頼性が確認されています。信頼性が確認されれば、回答者の質問項目への回答から特性の得点を客観的に算出することができます。

ＴＥＩＱｕｅの妥当性については、理論的に関連性があると考えられる抑うつ、不安、社会的サポートに関する心理テストとの得点とＴＥＩＱｕｅの得点との相関係数（関連性を表す指標）をもとに確認されています。ミコライチャックら[6]によると、抑うつとは−.55、不安とは−.74、ソーシャルサポートとは.39であり、通常、妥当性に関しては、相関係数が絶対値で.30以上あれば関連性があると考えてよいので、この結果はＴＥＩＱｕｅが心理テストとして妥当性を有していると判断してよいものです。

5　能力としてのＥＩの客観性

第3節で述べたように、ＥＩを能力的なものとする考え方があります。つまり、ＥＩを認知能力として捉え、客観的な行動に基づいたものとする考え方です。能力的なものとする考え方の代表的なものがメイヤーとサロヴェイの4枝モデル[3]です。4枝とは、①自己や他者の感情を認識したり、自己の感情を表出したりする能力、②思考、判断などを促進させるために感情を利用する能力、③感情的情報を理解し、感情が時間的な流れのなかでどのように変化するかを理解し、感情的意味を敏感に察知する能力、④自己の感情を制御し、他者の感情に対応する能力、の4領域のことです。

この4枚モデルの考え方に基づいて作成されたテストが、メイヤーらのＭＳＣＥＩＴ（Mayer-Salovey-Caruso Emotional Intelligence Test）[4]です。一つ目の領域である感情の認識に関する項目では、表情写真や抽象的な絵が呈示され、その表情や絵の喜び、怒り、悲しみ、恐れなどの程度を5段階（たとえば、「全く悲しくない」から「非常に悲しい」まで）で評定させるものです。二つ目の領域である感情を利用する能力に関する項目では、場面が設定され、役立つ感情は何かを5段階で評定させるものです。たとえば、初めて姻戚関係の人と会うときに、緊張、驚き、喜びを感じることがどの程度役立つかについて、「全く役立たない」から「役立つ」までの5段階で回答させるものです。

三つ目の領域である感情の理解に関する項目でも場面が設定され、ある人物の感情状態がどのようであるかを答えさせるものです。たとえば、ある人物が、やらなければならない仕事について考えると、不安で少しイライラしていたとします。そのときに上司がさらに追加で仕事を彼に命じた場合、その人物はどのように思うかについて「困惑する、落ち込む、恥じる、気にする、不安になる」のなかから最も適切であると思うものを選ばせるものです。最後の四つ目の領域である感情の制御に関する項目でも場面が設定されます。たとえば、ある人物が休暇から戻ってきて、穏やかで満足を感じていたとします。そのときに、彼女がある行動を取ったときに、その気分を維持するのに効果的かどうかを5段階で評定させるものです。行動の例としては、「彼女が行わないといけない物事のリストを作成した」「次の休暇でいつどこに行こうか考え始めた」などです。

採点については2種類の方法があり、多くの人が選択したものを基準（一般基準）とするものと、専門家の合意に基づく基準（専門家基準）とするものがあります。テストの精度を表す信頼性係数はメイヤーらによれば、四つの領域の合計得点を用いた場合、一般基準で.93、専門家基準で.91、感情の認識領域では一般基準で.79専門家基準で.76、感情の利用領域では一般基準で.79、専門家基準で.76、感情の理解の領域では一般基準で.80、専門家基準で.77、感情の制御領域では一般基準で.83、専門家基準で.81となっています[5]。信頼性係数は.70以上であれば十分な信頼性があると考えられるので、ＭＳＣＥＩＴは信頼性のあるテストであると考えられます。

妥当性についてはメイヤーらに検討されています[5]。ＥＩを能力として捉えるＭＳＣＥＩＴの場合は、理論的に関連があまりないと考えられる一般知能（ＩＱ）テストの得点との相関係数が低いことで妥当性を検証しています。その結果、感情の認識領域で.09、感情の利用領域で.22、感情の理解領域で.40、感情の制御領域で.16となり、感情の理解領域を除いて相関係数が低く、十分ではないが妥当性があるといえます。同様の考え方で、性格5因子モデルに基づいた性格検査との関連性も検討されていますが、最も相関係数の値が高かった協調性でも.24と低く、ＭＳＣＥＩＴで測定されている能力としてのＥＩは、一般知能や性格特性とは異なる概念を測定しているといえますので、妥当性があると考えられます。

6　集団式表情認知テスト開発の試み

能力としてＥＩを考えるテストとしては、先ほどのＭＳＣＥＩＴが有名ですが、メイヤーとサロヴェイの4領域[3]のうち、感情の認識に焦点を当てたテストが日本において開発されています。小松ら[2]のテストでは、表情として喜び、怒り、悲しみ、驚きを取り上げ、これらの表情と真顔との間で合成した表情刺激を作成しています。表情表出者は男女それぞれ2名ずつで、各表出者につき4表情×2の8刺激を用意し、全体で32刺激からなるテストを作成しています。**図8-2**は開発されたテストの試行版で利用された表情刺激例で、回答者は合成された表情刺激を見て、最も適切であると判断される表情の選択肢をマークします。

このテストでは、表情表出者ごとに1課題として同一人物の表情画像を1枚の用紙に3行×3列の8刺激を配置しています。本課題の前に五つの表情刺激からなる練習課題も用意されています。実施の際には、まず練習課題を行い、回答者が回答方法を理解したことを確認した上で、課題1～4まで順に行います。

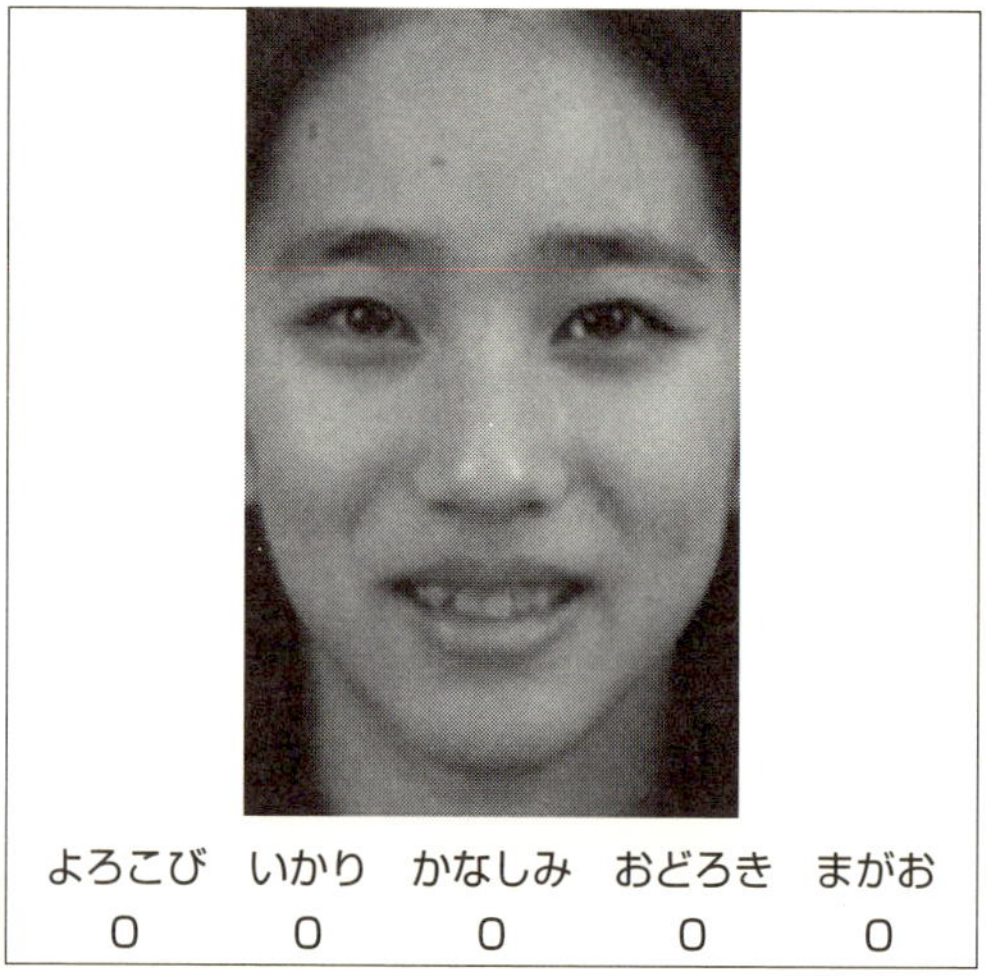

図8-2　表情刺激（項目）例[8]

　正答は、真顔に合成した表情です。このテストでは、特定の表情の要素が合成によって真顔に加わったかどうかを感受できるかどうかという観点で感情の認識に関わる能力を捉えようとしています。合成率は刺激によりますが、20〜50％までの間です。このテストの場合、時間制限はないため、一つの表情刺激について時間をかけることが可能で、合成率を80％など高くすると正答率が95％ほどになり、個人差がなくなるので、このような合成率を採用しています。採点は課題ごとの正答数ならびに全課題を通じての正答数によって行われます。

　テストで利用されている刺激ですが、開発者によって主観的に選ばれたわけではありません。中村[8]は、4表情×10〜90％までの10段階の合成率×4名の計160刺激からなる試行版テストを大学生95名に実施し、項目反応理論と呼ばれる統計的方法で得られた指標を利用して刺激を選んでいます。**図8-3**は項目反応理論の指標をもとに難易度の低い刺激と高い刺激を示しています。

　このテストの特徴は、紙に表情が印刷され、回答もマークシートで行われることから、通常の学力テストと同じように集団で大規模に実施することが可能です。さ

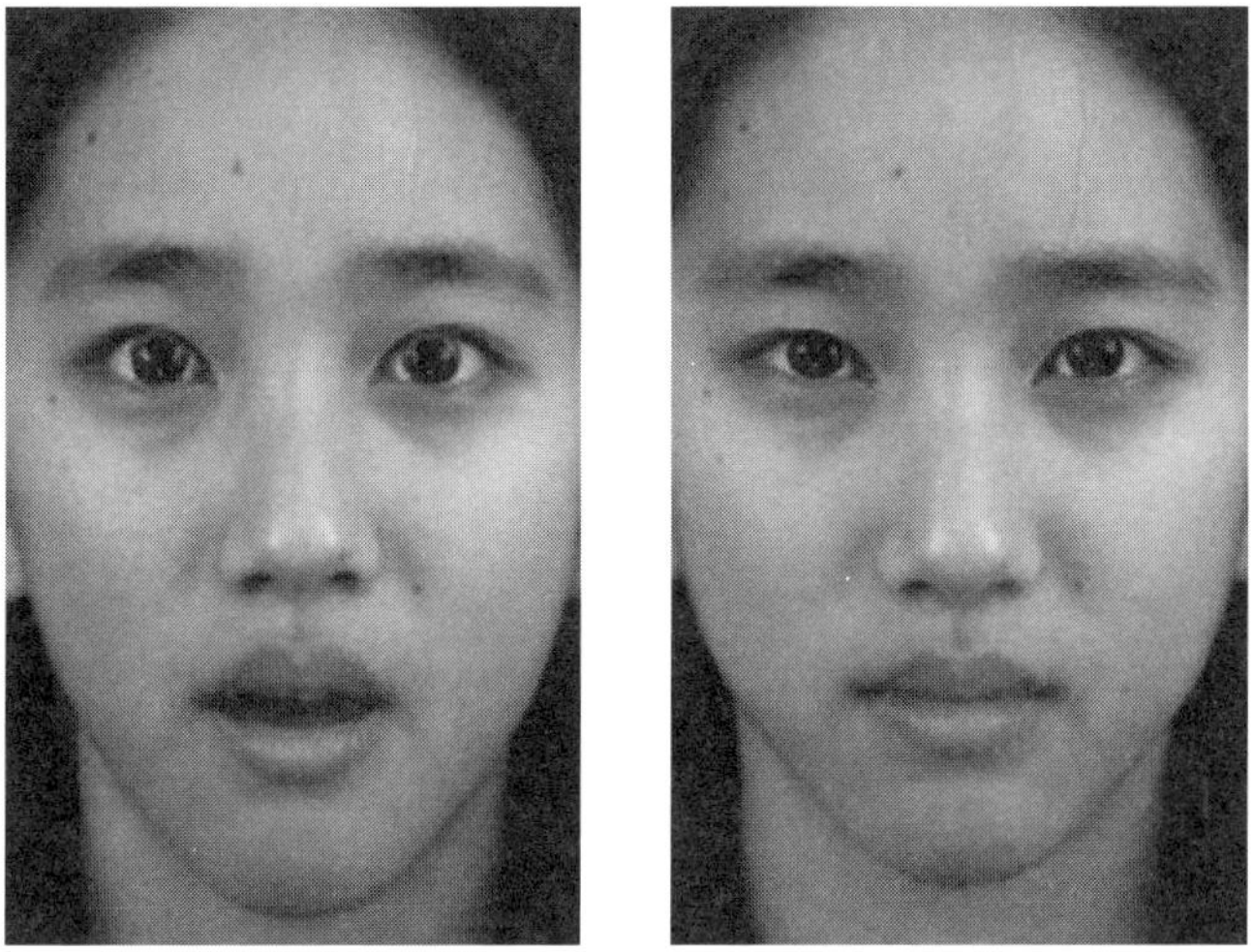

(a) 難易度が低い刺激
合成率 40%驚き

(b) 難易度が高い刺激
合成率 20%怒り

図 8-3　難易度別刺激例[8]

らに、マークシートを利用しているために、採点や集計作業もコンピューターで簡単に行うことができます。第４節で紹介したＭＳＣＥＩＴはコンピューターを利用して実施されるため、大規模人数で一度に実施することは困難です。

7　EIを測る際に問題となること

これまでの節でＥＩはテストの客観的な指標となる信頼性と妥当性の面で客観的であると述べてきました。テスト作成の手続きに関しても心理学で行われているテスト作成に関する正当な手順を踏んでいますので、その点では大きな問題はありません。しかしながら、ＥＩを測ることに関して完璧ではなく、問題点が指摘される場合があります。

まず、特性としてのＥＩに関してですが、性格特性との間で高い相関が見出されています。このことは逆にいえば、特性としてのＥＩをわざわざ取り上げる必要はなく、性格特性を測るテストがあれば、特性としてのＥＩは不要であると考えることもできます[1]。確かにこの主張もわかりますが、特性としてのＥＩでは、感情的な側面に焦点を当てている点が重要です。従来の性格特性に関するテストでは、感情的な側面以外も測定しており、特性としてのＥＩによって自分自身の感情的側面の特性を知ることは意味があると考えられます。

もう一つの能力としてのＥＩに関しては、特性としてのＥＩとの相関が低いです。メイヤーらによれば、感情の認識領域で.07、感情の利用領域で.17、感情の理解領域で.11、感情の制御領域で.28となっています[5]。同じＥＩを扱いながら、特性と能力との間に相関が低い、つまり関連性がないことについて疑問に思うかもしれません。しかしながら、特性としてのＥＩは性格の感情的な側面に近いものを扱い、能力としてのＥＩは感情に関する処理能力を扱っていると考えれば、両者はそれぞれ独自の概念を測っていると考えられ、特性と能力の双方が共存すること自体は意味があると考えられます。

しかしながら、能力としてのＥＩを考えた場合、メイヤーらのＭＳＣＥＩＴ[4]が適切かということを考え直さなければならない点があります。一つ目は、採点基準です。ＭＳＣＥＩＴでは、多くの人が選択したものを基準（一般基準）とするものと専門家の合意に基づく基準（専門家基準）の2種類の基準があり、採点基準としてはあいまいです。感情の認識を考えた場合、表情であれば表出者の感情意図が基準とする考え方もあります。このように考えますと、能力としてのＥＩに関してはさまざまな採点基準を設定することが可能で、基準によって指数が変わる可能性もあります。

二つ目としては能力の高さをどのように考えるかです。感情の認識では、表情を正確に読み取ることで能力の高さを定義しています。確かに対人関係場面において、瞬時に相手の表情を読み取ることができれば、その後の対応に関して適切な行動を取れるかもしれません。しかしながら、相手の表情に敏感であることがいつもプラスになるとはいえません。相手のネガティヴな感情を感じやすく、対人関係場面でストレスを感じやすく、精神的な健康面で問題が生じる可能性もあります。

能力というと一般的に高いことがよいとされています。能力としてのＥＩの場合、その指数の高さが、人間関係の良さ、仕事や学業での成功、精神的・身体的健康とどのように関連があるのかについて示すことになります。メイヤーらにより多少示されていますが、[5]ケンカの頻度や麻薬の使用といった社会的な逸脱行動と負の相関が示されている程度で、ＥＩが予測すべき人間関係の良さをはじめとするさまざまな指標との関連性が明らかにされているわけではありません。

これまで見てきたように、ＥＩは心理学の手続きの上では客観的であるといってもよいと思いますが、ＥＩが最終的に目標としている人生の結果の予測という面では十分とはいえず、発展途上の概念や指数であると考えるのが妥当です。ＥＩは人間の感情に関わるこころのある側面を客観的に測っていると考えること自体には誤りがないと思いますが、指数としてはあくまでも参考程度に捉え、囚われすぎないことが大切ではないかと考えます。

最後に問題となる点は、ＥＩの文化的側面です。これは特性も能力についても今後検討しなければならない問題です。ＥＩは欧米を中心とした研究者で概念化され、テストが開発された経緯があります。特性を測定する質問項目も、能力を測定する刺激や項目ならびに採点基準は、基本的に欧米の考え方に基づいています。しかしながら、ＥＩが予想する人生の結果に関しては文化的な価値観が関わってきます。どのような人間関係が良好で、どのようなことが仕事や学業で成功といえるのか、また精神的・身体的健康とは何かについて日本文化に適した基準を考えることが必要です。そのためには、単に欧米のテストをそのまま輸入し翻訳するだけでなく、日本独自の視点も加えたＥＩに関するテストの開発が必要であると考えます。

第9章

おわりに
――「感情の有効活用」としての感情知性（ＥＩ）に向けて

1　ＥＩの二つの顔――「感情に対する知性」と「感情に潜む知性」

本書は、現在、単に学術的な意味だけではなく、世界規模で社会的にも反響の大きい感情知性（emotional intelligence：以下ＥＩ）に関して、それがどのようなものとして捉えられるべきか、また実際、どのような形で研究され、さらには応用が進んでいるかということに関して、さまざまな論を展開してきました。あまり特定の立場に偏ることなく、可能な限りバランスよくトピックを選りすぐったつもりですが、本書を通読していただくことで、心理学におけるＥＩ研究の現況を俯瞰していただくことができたとすれば、編者として、これほどうれしいことはありません。ただし、この終章に至って、本書で、そのタイトルである心の「本当のかしこさ」に関して、どれだけのことをちゃんと伝えることができたのかということについては、ややアンビヴァレントで複雑な思いもあります。それは、現在のＥＩ研究の状況を正確に伝えることが、イコール心の「本当のかしこさ」を審《つまび》らかにすることには必ずしもつながらないという、ＥＩ研究全体が抱える、ある意味、とても歯がゆい課題にも関連していることかもしれません。

第1章の最後にふれたことでもありますが、実のところ、ＥＩには大きく2通りの意味があります。一つの意味は「感情に対する知性」というものです。具体的には自分や他者の感情に対していかに認知能力を働かせ、それらを正確に知覚・理解できるか、そして迅速かつ的確に制御・調整できるかという意味です。もう一つの意味は「感情に潜む知性」というものです。具体的には、さまざまな感情のなかに、元来備わっている合理性や機能性、そしてそれらをいかにうまく活用できるかという意味です。はっきりいって、現在のＥＩ研究の大半は、前者の意味に従ったものといえるかと思います。そして、本書の内容は、その動向をある程度は紹介できたと自負できるものであります。しかし、この前者の意味での研究の展開はそもそも、ＥＩという考え方に対して当初、注がれた関心とは、必ずしも合致していないのかもしれません。その当初あった注視とは、いってみれば、それこそ、純然たる知性や理性の外側にあるはずの、もう一つの心の「本当のかしこさ」に対するものです。そうです。言い換えれば、それは、感情そのものの働き、「感情に潜む知性」に対する注目だったのです。

しかし、感情そのものの合理的な働きを捉えることは、実は非常に難しいことです（感情に関する研究が遅れてきたのもひとえにそのためと考えることができます）。特に、怒りにせよ、恐れにせよ、悲しみにせよ、あるいは恥にせよ、罪悪感にせよ、妬みにせよ、一般的にネガティヴな感情とされるものは、それらを経験している現時においては、当事者にとって一刻も早くそこから抜け出したい厄介でいやな心の状態であるわけですから、そこに合理的な働きがあるといわれても私たち自身、第一ピンときませんし、それを心理学的に測定することもきわめて難しいことであるといわざるを得ないような気がします。おそらくは、こうしたこともあり、現在のＥＩ研究は、相対的に心理学的測定が容易な認知（や特性）中心の「感情に対する知性」を核にして進んでいるのでしょう。

しかし、これ一辺倒になってしまうことは、とても危険であるように思われます。それというのは「感情に対する知性」あるいは理性というところだけを強調していくと、行き着くところは、高度に理知的であり、感情に翻弄されないでいることが、さらにいえば、特にネガティヴな感情に関しては、それらを極力、経験・表出しないでいることが、人の適応性や幸福感などに寄与するのだという、ある意味、プラトン以来の伝統的な感情と理性の対置的構図が復古してしまいかねないからです。一見、人の日常における感情の役割の再考を強く訴えるかに見えるＥＩ研究が、実際に対象としているのは、やはり、徹底的に理解され、制御されるべきものとしてある感情（emotion as "regulatee"）ということになれば、これほど味気ないことはないような気がします。

そうしたこともあり、この終章では多少とも、「感情に潜む知性」の方に着目して、ＥＩを別角度から見てみたいと思います。それは、換言すれば、特に私たちの心身およびその日常生活を秩序立て、制御するものとしてある感情（emotion as "regulator"）に注視するということを意味します。そして、これに着目することで、ＥＩの本質が、ただ感情の厄介な側面を抑え込むための知恵としてではなく、むしろ感情の有用な側面を積極的に活かすための知恵として、また、ただ何か特定の目標を達成するための知恵ではなく、個人の生活あるいは生涯を通した幸福を実現するための知恵として、概念化されるべきだということを確認しておきたいと思います。さらに加えて、本書ではＥＩの発達ということに関してはあまりふれてきませんでしたので、多少ともそれに関連するトピックについて付言しておくことにします。

2　道徳性に見る感情の働き

私たちの心身およびその日常生活を秩序立て制御するものとしての感情の働きに関しては、研究が遅れてきた分、現在、心理学およびその周辺諸科学のなかで、最も注目の度合いが高いところといっても過言ではありません。感情には、個人内で機能する側面（たとえば心理的状態や生理的変化）と個人間で機能する側面（たとえば顔に現れる表情）があることが今では当たり前になってきていますが、その両側面に関して日進月歩でさまざまなことが実証されつつあります。[7] また、そこには近年、隆盛著しい脳科学の知見も加わっているわけであり、たとえば、脳のある特定部位の損傷に起因する感情面での障害が、たとえ認知機能が無傷であっても、人の心理社会的適応性を大きく揺るがしてしまうというようなことが明らかになってきています。[4] 逆にいえば、感情の支えをなくした純然たる知性や理性だけでは、到底、人は幸福には生きられないのだということが改めて確認されてきているのです。[10] こうしたことの詳細は他書[7]に委ねることとして、ここでは、感情が他の人との社会的生活においていかに重要な役割を果たしているかに関して、ごく簡単にふれておきたいと思います。

すでに複数回ふれてきたことですが、プラトンは、理性を主人に、感情を奴隷になぞらえました。そして、その考えは、その後、西欧の思想のなかに脈々と受け継がれていくわけであり、たとえば、18世紀のカントは、人を人たらしめている崇高な心の働きとしての道徳性が、感情から切り離され、純粋理性あるいは合理的な思考の産物としてあるべきことを説きました。[21] そして、こうした考えは、心理学のなかでも長く支配的であり、たとえば、コールバーグという発達心理学者は、道徳性が、基本的に認知的能力の発達とともに、高次なものに変化していくという理論を打ち立てています。[24] しかし、カントとほぼ同時代に生きたアダム・スミスやディヴィッド・ヒュームは、こうした理性や認知中心の道徳性に対する見方に強い疑念を有していました。彼らは、道徳性が基本的に感情の問題であること、同情や共感といった種々の感情が人を道徳的な行為へと駆り立てることを主張したのです。ヒュームに至っては、プラトンとは逆に、理性を奴隷、感情を主人に見立てたのです。[19]

そして、今や時代は確実にスミスやヒュームの見方に傾いてきているといえるかと思います。たとえば、道徳性が深く感情に根づいたものであることを実感させるものに、有名なトロッコ問題というのがあります。[11]「重い荷を積んだトロッコがブレーキ故障で暴走している。このままではその先にいる5人の作業員がひかれて死んでしまう。あなたのすぐそばには線路の切り替え器があり、そこで切り替えを行えば、5人は助かる。しかし、切り替えたもう1本の線路にも1人の作業員がいる。さて、あなたはどうするか?」。この問題に対しては、大概の人が、線路の切り替えをして、1人は犠牲になってしまうが、5人を助けるという選択をすることが知られています。しかし、問題には別バージョンもあります。「トロッコが暴走している。このままではその先にいる5人の作業員が死んでしまう。あなたは線路の上にある橋に立っている。軽量のあなたが飛び降りてもトロッコは止まらない。が、隣にいる大男を突き落とせば、その重みでトロッコは止まり、5人は助かるが、突き落とされた大男は死んでしまう。さて、あなたはどうするか?」。実のところ、1人を犠牲にして5人を助けるということにおいて、この問題は前のバージョンと何ら変わらないのですが、今度は大概の人が、大男を突き落とすことはできないと答えるのです。[14]

功利主義的な考え方からすれば、この選択は明らかに非合理的といえるかも知れません。しかし、ほとんどの人は、感情的にそれができないのです。これまでの研究で、人は、自らが何らかの行動を起こした結果、あるいは、意図をもって何かをした結果、あるいは自身が直接、他者に対して接触した結果、他者に危害が及んでしまったという場合に、それをより悪いこと、許されないことと感じる傾向があることが知られています。[17]自身が危害を加えた当事者であれば、強い罪悪感を経験するでしょうし、他者が誰か別の人に危害を及ぼすところを見た場合には、強い憤りを経験することになるでしょう。

上述したことは、他者に危害を加えるあるいは他者を助けるということに関わる道徳性であるわけですが、この他に公平性や互恵性に関わる道徳的判断もあります。たとえば、一般的に「最後通牒ゲーム」と呼ばれる実験は、実験参加者にある一定額のお金が与えられ、誰かと2人でそれを配分するという状況を想定させた上で、配分額を提案する側の役割を取らせ、自身がいくら取り、相手にいくら渡すかを答えさせるものです。[15]この実験で重要なのは、相手側がその提案を受け入れれば2人ともが提案通りの額を手にすることができますが、受け入れなければ双方とも一銭も手にできないということです。純粋に経済的原理からいえば、1円でも獲得できれば明らかにそれは利益であり、仮に10万円の配分が、提案者が9999円で、回答者が1円であっても、その提案には合理性があることになるでしょう。しかし、現実的にそうした提案をする者はほとんどなく、今では、さまざまなデータから、実験参加者が示す一般的な回答は、限りなくフィフティ・フィフティに近いものであり、相手側の取り分を総額の20％未満と設定するような者は全体の5％にも満たないことが知られています。[35]そこには、自己の利己性に歯止めをかけ、他者との利益バランスがより公平になるように仕向ける何らかの感情の介在を想定することができるでしょう。ノーベル経済学賞を受賞したことで知られるセン[34]は、自己利益の最大化のみを行動動機とする「経済人」(homo economicus) は「合理的な愚か者」に他ならず、社会的にはほとんど成功し得ないはずであるということを主張していますが、「最後通牒ゲーム」実験の結果は、まさに、私たちが純然たる「経済人」などではなく、むしろ、かなりのところ「感情人」(homo emoticus) としての血筋を引いており、それに従って道徳的判断をなしていることを如実に示していると考えられます。[36]

3　感情に潜む社会的知恵

上では道徳的判断に関して感情が深く関係しているという可能性についてごく簡単にふれたのですが、ハイト[16]によれば、道徳性には、上で見たようなケア／危害および公正／欺瞞の他に、忠誠／背信、権威／転覆、神聖(純潔)／堕落、自由／束縛といった、計六つの次元が想定され、それぞれが、進化の産物として、(そのなかのどれに、より重きを置くかにはある程度の文化差があるものの）ヒトに元来備わっている種々の感情に下支えされているのだといいます。こうした道徳性の判断も含め、少なくともいくつかの感情には、短期的には一見、損を抱え込ませるようでも、実は長期的視点から見れば、その個人に、人間関係や集団への適応を促し、高度な社会的および生物学的な利益をもたらすという働きがあるのでしょう[12]。

たとえば、私たちは集団のなかで不公平にも自分だけが莫大な利益を得ている状況で、何か他の人たちにすまないといった罪の感情を覚え、それ以上の利益追求を自ら止めてしまうようなことがあります[28]。それどころか、そうした利益をもたらしてくれた他者がいたとすれば、その他者に、強い感謝という感情をもって、せっかく得た自分の取り分のなかから相応のお返しをしようとしたりもします[27]。また、先んじて何の助けや施しも受けていないような関係性でも、他者が何かに困窮していれば、つい共感や同情のような感情を覚え、自身の利害を度外視してでも、他者に尽くしてしまうようなこともあります[23]。あるいは、自身が他者から散々、不利益を被りながらも、赦し（forgiveness）のような感情に駆られて、その他者を責め立てるのを止め、被った不利益を反故にしてしまうようなこともあるのです[27]。こうした場合の罪悪感にしても感謝にしても、また共感や同情にしても、あるいは赦しにしても、個人の短期的利害あるいは経済的利害という視点のみからすれば、そこに損害はあっても利益はなく、いずれも非合理ということになるわけですが、どうも私たち人には、いわば「善なる感情」あるいは「仁なる感情[23]」なるものが備わっているようなのです。

ヒトという生き物は高度に社会的であり、人間関係や集団のなかでの適応が、結果的に生物的適応に通じる確率が際立って高い種といえます[5][6]。進化論者が一様に強調するのは、ヒトにおいては、たとえば、狩猟採集にしても捕食者への対抗にしても子育てにしても、集団生活が単独生活よりもはるかに多くの利点を有していたということであり[30]、また、それを維持するために必然的に集団成員間における関係性や利害バランスの調整のメカニズムが必要になったということです[3][39]。そして、そこに最も密接に絡むものとして互恵性の原理、すなわち相互に何かをもらったり、そのお返しをしたり、また助けられたり助けたりするという形で、集団内における協力体制を確立・維持するために必要となる一群のルールがあると考えられます[12][13]。しかし、この互恵性原理の危うさは、自己犠牲的な行為を個人に強いることにあります。個人は、自らの生存や成長のために自己利益を追求しなくてはならない一方で、それに歯止めをかけ、他者に利益を分与しなくてはなりません。そのバランスをどこで取るかが究極の難題なのです。さらに互恵性原理が長期的に個人の適応に適うものであるためには、それを脅かし壊す、他者および自己の裏切り行為を注意深くモニターし、検知する必要が生じてくるでしょう。コスミデスとトゥービー[3]によれば、これらの複雑な処理を可能にするものとして、罪、感謝、抑うつ、悲嘆、嫉妬、義憤、公正感などの感情が進化してきた可能性があるのではないかといいます。

アダム・スミスは、今では経済学の祖と称されることが多いわけですが、彼は『国富論』[37]に先立って『道徳感情論』[38]を著したことでも知られています。そこで彼は、さまざまな感情が社会という複雑な織物を編み合わせる糸のようなものであるということを述べています。そして、彼の有名な言葉に「神の見えざる手」というのがあるわけですが、それは一般的に理解されているように、私たち個々がただひたすらに私利を追求すれば需要と供給のバランス調整が自然と働き、社会全体の利益が達成されるということのみを意味するのでは必ずしもないかもしれません。むしろ、それが真に意味するところは、私たちがいくら自己本位的に己の利益を追求しようとしても、私たちの内なる種々の感情によってそれらは少なからず阻まれることになり、そして、そうした感情が他者との関係性の調整をも推し進める結果、集団全体の利害バランスが相対的に適切に保たれ得るということではないでしょうか。その意味では、私たちのさまざまな感情のなかに豊かに社会的知恵が備わっており、実はそれこそが「神の見えざる手」と言い得るものであるような気もするのです[7]。

4　感情のほどよい有効活用としてのEI

実のところ、現今の「感情に対する知性」中心のＥＩ研究は、上で見たような感情のさまざまな合理的な働きを明らかにしてきた、現代の感情研究者の多くが強く批判するところでもあります。たとえば、20世紀後半の感情研究をリードしてきたイザード[20][21]は、私たち人間の社会的な文脈における適応性の大半は、感情に対する知性の特殊形態ではなく、感情そのものの機能性に由来するとし、ＥＩは、その高度に機能的である感情の活用という観点から再概念化されるべきであると強く主張しています。そして、本来、それには、（感情に対する知性というニュアンスをもともと多分に含み込んだ）"Emotional Intelligence" という術語よりも、"Emotion Adaptiveness"（感情を通じた適応性）という術語の方がふさわしいとしているのです。

また、同じく現代の代表的な感情研究者の一人であるシェラー[33]もまた、現今のＥＩ研究が、感情についての知識の重要性のみを強調し、感情をあくまでも認知の一対象と見なしているに過ぎないこと、またＥＩが感情そのものの機能性や合理性に関わるものとして十分には概念化されていないことを問題視しています。その上で、彼は、本来、ＥＩなるものは、そもそも進化の産物である感情のメカニズムを活用するためのコンピテンス（有能性）として把捉されなければならず、術語もＥＩではなくむしろ（能力とスキルの両方が関与する）"Emotional Competence"（EC）（感情的コンピテンス）が用いられるにふさわしいと記しています。

こうした「感情の有効活用」としてのＥＩという見方は、いってみれば、感情的でないことのなかにではなく、むしろ、豊かに感情的であることのなかに適応性や幸福感の鍵を極力見出そうとするものであると考えることができます。かつて、キリスト教神学は、理性によって感情を徹底的に抑えることができること、そしてあらゆる悪しき感情から解放されてあることが人にとって最も好ましい状態であると仮定していました。しかし、そんななか、16世紀初頭、『痴愚神礼賛』で知られるエラスムスは、自らはまさに理性人たる聖職者として生きながら、痴愚の女神モリアに、人にとっての真の幸福や徳が、実は聖職者が掲げるような教条主義的な理性やそれに厳正に従ったふるまいのなかにではなく、むしろ、種々の感情に駆られた、一見、愚行とおぼしきもののなかにこそ潜んでいるのだということを諄々と語らせることになります[9]。理性人としてではなく感情人として生きることのなかに、人間本来の幸せの形を見て取るのです。

もっとも、エラスムスがいいたかったのは、もちろん、ただ無軌道に感情的であればいいということではありません。私たちが豊かに感情的であり、その機能性や合理性の恩恵に与るためには、当然、そこに適宜、一定の加減や調整が加えられる必要があります。そして、感情というものの真の厄介さは、それが機能的なものであるためには、制御されなくてはならないが、決して制御され過ぎてもならないというところにあるのかもしれません。すなわち、感情はまさに「ほどよい」ところで最も私たちの適応性に寄与する可能性が高く、EIもまた、その視座から理解される必要があるということなのです。

第1章でふれたのですが、古代ギリシアのプラトンは、感情は制御されればされるほど望ましいという、いわば"The more, the better"の見方を提示していたのに対して、アリストテレスは、ネガティヴな感情も含め、感情の経験にしても表出にしてもほどよく適度なることが究極的な善や幸福に通じ得ること、すなわち"Not too little, not too much, just right"の見方を示していたといえます。アリストレスは、人が自身の生活のなかで、現実的な幸福を手にするためには、知識・思慮・技術といった知性的な徳だけでは足りず、場合によってはそれ以上に、多分に人の内なる感情に由来する倫理的な徳が必要であるとし、さらには、それが中庸（メソテース[mesotes]）なることが大切であることを説いていたのです。たとえば、彼は『ニコマコス倫理学』[1,2]のなかで、怒りそのものが悪ではなく、悪しきは、タイミングと対象と方法を間違えた怒りであるということを述べています。逆にいえば、それらの要件に適ったほどほどの怒りは、私たちにとって必要不可欠であるということです。要は、使い方だということです。

そして、先にもふれたシェラー[33]は、このアリストテレス的な見方にならい、感情が徹底的に制御され、完全に抑止されるような事態は、個人内の心身の安定や健康という観点からしても、個人間の関係性の構築や維持あるいは時に分断という観点からしても、決して適応的とはいえないと主張しています。また、現に、シェラー自身[32]、実際のデータに基づきながら、日々の怒りやいらだちの経験の多さと、主観的幸福感や生活への満足度との間に逆U字型の関連性があることを見出し、怒りやいらだちが中程度に経験され表出されることの適応性を実証的に示しているのです。

5　目標志向的なＥＩから全人志向的なＥＩへ

上で述べた「感情のほどよい有効活用」としてのＥＩに関して、一つ但し書きが必要だと思うことは、概して、それがすぐには効果として見えにくいということです。感情がずっと厄介者とされてきたのは、この長期的な意味での効果が見えにくいこと、それどころか、短期的には多くの場合、むしろ「失敗してしまった」という感覚を強く残すからなのかもしれません。感情が厄介で非合理と判断されるのは、実のところ、感情そのものの発動のきっかけになった出来事との関連においてでは必ずしもなく、むしろ、その感情の生起によって分断され、遂行が脅かされることになる他の活動との関連においてであることが圧倒的に多いと考えられます[7]。たとえば、長年大切にしてきた友人関係が破綻してしまうのではないかという強い恐れや不安は、その友人関係の回復や維持に向けた動機づけや現にそれに向けた行動を引き起こすという意味では合理的であるはずなのに、それによって、仕事や勉学などに悪影響が及び、その効率性が失われるとなれば、一転して、厄介で非合理なものと見なされてしまうのです。ここで、私たちが注意して確認すべきことは、現在主流のＥＩ研究において、暗黙裡に、最も多く問題にされてきたのは、一般的に是とされる目標や課題や規範の遂行に向けての感情の制御だということです。そして、だからこそ、そこでは、仕事や勉学などの効率性を邪魔する感情は抑え込めれば抑え込めるほど望ましいということになるわけです。

学業成績を上げる、あるいは、獲得利潤を最大化するなど、ある特定目標を明確に定め、あくまでもそれへの到達という視座から判定するのであれば、その目標に向けた行動の途上で生じる種々の感情は、確かにただのノイズであり、ディストラクターに過ぎないのかもしれません。そこでのＥＩの有効性は、どれだけ、そのノイズやらディストラクターの抑制に成功し得たか否かという一次元の基準をもって、かなりのところ明確に判断し得ることになるのでしょう。現に教育心理学や産業心理学あるいは実際のビジネスの世界などで注目されているＥＩの高低は、こうした観点から捉えられることが圧倒的に多いように思います。そして、そこでは、ある意味、当然ですが、そうしたノイズやディストラクターとしての感情が何に起因して生じたか、その感情それ自体はどれだけ重要度や緊急性が高いのかといったことが、基本的にあまり問われることはありません。いかなる感情であれ、それは、そこで生じるにはふさわしくないものとして扱われるのです。先の例でいえば、かけがえのない友人との関係の回復や維持が、生活全般の視点から見れば、また長期的視座からすれば、より重要性の高いことであっても、それに関わる恐れや不安はあくまで目標や課題の遂行を邪魔するノイズやディストラクター以外の何ものでもなく、それを完全に封じ込める能力やスキルを有していることが望ましいことになるわけです。

しかし、その明確に一つに定められた目標や課題の達成という視座からではなく、勉学や仕事といったことに限定されない、その個人の全生活、それも今ここということではない、時間軸の広がりをもった、より長期的な人生という視座から見たときに、その友人関係にまつわる恐れや不安などを完全に自身の心理状態から排除し得るということが、果たして本当に適応的ということになるのでしょうか。こうした問いに関連して、クール[25]という研究者は、感情の制御を、ここまで述べてきたような目標志向的（goal-oriented）制御の他、欲求志向的（need-oriented）制御、そして全人志向的（person-oriented）制御に分けて考えることの重要性を説いています。欲求志向的感情制御については措くとして（それは、たとえば、目先の不快を回避するために目をそらしたり、自身に都合のいい考え方をしたり、食べ物なども含め、愉悦をもたらすものにひたすらふけったりすることを指します）、ここで注目していただきたいのは全人志向的感情制御のことです。それは、個人の全生活を通じての適応性や幸福感などの向上や維持に関わるものであり、先に掲げた問いに直接的に絡むＥＩの形といえるかと思います。

そこで、重視されていることは、私たち人が、基本的に、さまざまな生活領域において、実に多様な利害関心や潜在的目標を同時に抱え込んでいる存在であるということ、また、それらの利害関心や目標はしばしば、相互に葛藤や競合を起こし得るという現実です。そして、私たちは、それら競合する目標間のバランスの調整を図り、その時々の状況や文脈に応じて、それらに適切な優先順位をつけながら、長期的に自身の全体としての心身の健康や適応性などを具現しなくてはならないのです[26][31]。友人を失うことに対する恐れや不安などにふけること、また、それらの感情に沿ってそれまでの関係性の取り方やそこにおける自身の非などに対して自然に反省的な思考が働くこと、そして、耐えきれずに、その解消に向けて現実的な行為を起こしてしまうことなどは、確かに、勉学や仕事の遂行を乱し、その達成を遅らせたり、困難なものにしたりするかもしれませんが、その友人関係の修復に向けた一連の行動は、その個人の全人格あるいは全生活における主観的幸福感や長期的な社会的適応性に、より適ったものであるという可能性も否めないのではないでしょうか。そこでは、恐れや不安を完全に抑え込むよりは、それらの感情に素直に従う方が、はるかに賢明なのかもしれないのです。

おそらく、現今のＥＩ研究において、最も欠落しているのが、こうした全人的視座から感情の制御や調整を考えるということなのでしょう。日常的直感からすれば、むしろ当たり前のことかもしれませんが、私たちは、教育や産業などの領域で高いＥＩを備え、現に成功していると判断される人が、家庭生活やそれ以外の私生活といった他の生活領域においてもまた成功者であるとは限らないという現実を知っているはずです。そうだとすれば、もっと、その現実を直視し、この全人志向的感情制御というものも視野に入れた形で、ＥＩ概念の再考を図るということも当然、試みられなくてはならないのではないでしょうか。

6　EIの発達について考える

第１章でもふれたように、ダニエル・ゴールマンは、ＩＱが生まれつき遺伝的な要因によって強く規定されているのに対して、ＥＩは、教育やしつけあるいは個人の意思によって後天的に獲得可能なものであることを主張しました。そして、それゆえにＥＩという概念が現在も世界中で、かくも多くの人の心を捉え、また、具体的にＥＩを増進させるための様々なプログラムが教育あるいはビジネスの世界で数多く開発されてきているのだと考えることができます。実際のところ、これまでの研究が示すところでは、ＩＱが遺伝的規定性が強く、ＥＩが学習可能性が高いという仮定は必ずしも妥当ではなく、むしろ、両者における遺伝的規定性と学習可能性はさして違いがないというべきなのですが[7]、「原理的な意味でいえば」ＥＩが生涯、どの時点からでも身につけ得るというのはほぼ間違いのないことといえるでしょう。しかし、可能性としてできるかできないかという議論と、どれだけ容易に獲得できるかという議論は当然、同じものではありません。獲得の容易さを考えた場合には、人生どの時点でも等しく獲得可能なのではなく、発達の早期段階、ことに乳幼児期にそれを身につけておくことが断然、効率的なのです。

これに関連して、ここでは、ヘックマン[18]という著名な経済学者の考えを簡単に紹介しておきたいと思います。彼は、労働経済学に関する輝かしい業績が評価されて２０００年にノーベル賞を受賞しています。彼の研究の多くは、基本的に人の生涯のどの時点において、教育にお金をかければ、最も効果的なのかという問いに関わるものです。結論からいえば、就学前、とりわけ乳幼児期における教育の投資効果が絶大であるということなのですが、彼が依拠しているデータの一つに１９６２～１９６７年に、米国ミシガン州で行われたペリー就学前計画というのがあります。

ペリー小学校附属幼稚園が舞台になっているのでこの名称なのですが、そこで対象とされたのは、アフリカ系の貧困層の子どもたちでした。３歳時点でＩＱが70～85ということですので、経済的な困窮のなかで家庭ではほとんどろくな教育やしつけを経験できていない子どもたちと考えてよいでしょう。その計画では、まずはランダムに、そうした子どもたちを二つの群に振り分けます。一つの群は、３歳から2年間にわたって、平日毎日、午前中に子どもたちが幼稚園に通い、幼稚園の先生の下で、初歩的な幼児教育のプログラムや遊びを中心にした活動を行いました。そしてまた、1週間に1回、午後に、子どもたちの親は、先生から家庭訪問を受け、幼稚園と家庭における子どもたちの様子や発達や教育のあり方について話し合いをもつ機会を得ました。もう一つの群は、こうした介入を全く受けない子どもたちでした。

この2群の子どもたちはその後、複数時点で追跡調査を受け、さまざまな観点から比較されることになります。その内、最もインパクトがあるのは、この子どもたちが40歳になったときの結果といえるかと思います。それは、介入を受けた群の子どもたちの方がはるかに、高校卒業率、収入、持ち家率などが高く、離婚率、犯罪率、生活保護受給率は低いということ、すなわち健全な市民としての適応的な生活を享受できているケースが圧倒的に多いということを示すものでした。もっとも、ここまでの話だけだと、単に早期教育の影響力は絶大ということになってしまいかねないわけですが、ＥＩとの関連でいうと、興味深いのはむしろここからです。

確かに、介入を受けた子どもたちは、幼稚園でさまざまな教育のプログラムを受けたわけですから、その直後のＩＱの伸びには目を瞠るものがありました。しかし、このＩＱの伸びは長続きしませんでした。というより、2年間にわたる介入計画が終了した後から2群の差は徐々に狭まり、8歳時点ではほとんど違いがなくなってしまったのです。ここで注目すべきことは、知的能力そのものには何ら差異がないにもかかわらず、40歳時点での経済状態や幸福・適応状態においては歴然とした違いが認められたということです。ヘックマンは、この結果を受けて、乳幼児期において重要なのは、認知的能力ではなく、むしろ〝非〟認知的能力をしっかりと身につけることであるとはっきりと言明することになります。この非認知的能力とはいってみれば、一連の社会情緒的な能力やスキル、たとえば、やればできるのだという動機づけの感覚、長期的な計画に基づいて行動する力、そして自分や他者を信頼し、自分の感情をうまく律し調整するための力などです。すでにおわかりかもしれませんが、これらはまさにEIとして問題にされているものときわめて大きく重なるものといえます。

このようにヘックマンの主張は、発達の早期段階において、日々の安定した環境のなかで信頼できる大人とのやりとりを通じて、とりわけEIの基盤となるものを確かに獲得しておくことの生涯にわたっての重要性を強調するものであると読み替えることができます。もちろん、何歳になってからでも、高いEIを獲得することは可能だと思いますし、実際にそうであることを示した研究も多く存在しています。しかし、私たちは、それが後になればなるほど難しくなるという現実も直視しておくべきなのかもしれません。発達早期段階における、それこそ何気ない（特別な早期教育などを目的とはしない）人との安定した相互作用の蓄積のなかで、私たちは、EIの礎を最も効果的に築くための機会を得るのです。紙数の関係でここでは述べませんが、発達心理学の領域では、乳幼児期における養育者との相互作用、とりわけアタッチメント（怖くて不安なときに特定の大人にしっかりとくっつき、確実な安心感を得るなかで形成される情緒的な絆）の経験が、EIの基盤たる、自分や他者への信頼感、自分や他者の感情の理解や自らの感情の制御・調整、自制心や自律性などの生涯発達に深く関与するということが実証的に明らかにされてきています。[8][29]

無論、現実的に、家庭に恵まれない子どもたちはこの世に大勢存在しているわけであり、ＥＩに関しても、結局のところ、乳幼児期が大切だとなどといわれてしまえば、元も子もないとお叱りを受けてしまうかもしれません。しかし、それこそヘックマンの研究がそうであるように、また最近のアタッチメント研究も然りで、家庭外の保育所や幼稚園などでの経験もまた、時に、不遇な家庭環境によるハンディキャップを十分に補い得るほどのポジティヴな影響力を持ち得るのです。私たち大人は、何か子どもに特別なことをしてあげるというよりは、早い段階から子どもに、私たちのなかに自然に生じる感情や、あるいは私たち自身のＥＩをもって、ごく普通に関わるなかで、そのＥＩの芽を大切に育んでいきたいものです。

7　おわりのおわりに

この終章では、本書で十分には伝えられなかったＥＩ研究の現代的諸問題について補筆してきました。特に、「感情に潜む知性」のほどよい有効活用という意味でのＥＩに着目する必要性を訴えたわけですが、無論、感情の本性は両刃の剣です。[7] 時には、理性や認知能力をもって、それを制御・調整すべきことも確かなことです。その意味で、当然のことながら、「感情に対する知性」もまた重視されなければならないものであります。しかしそれは、再三繰り返してきたように、感情をできるだけ抑え込み、極力、感情的でない状態にあることが適応的であると、決して誤解されてはならないことです。豊かに感情的であるなかで、時に感情に対して適切に知性を働かせ得ること、言い換えれば、冒頭でふれたＥＩの二つの顔が両方、出るべきときにちゃんと出るようにふるまうことが、ことのほか大切なのかもしれません。先にもふれたハイト[16]は、「まずは直観（感情）、それから戦略的思考」というプロセスを辿ることが、人にとっての適応性や幸福の鍵になるということを述べていますが、これはＥＩの二つの顔の関係にそのまま当てはまるような気がします。まずは「感情に潜む知性」に素直に耳を傾けること、それから少し頭を冷やして「感情に対する知性」に相談すること、そんなことが普通にできるようになれば、私たちの日常はもう少し、本当の意味でかしこく、生きやすくなるのかもしれません。

文　献

第1章

(1)　アリストテレス『ニコマコス倫理学（上）』高田三郎訳、岩波文庫、一九七一年。
(2)　アリストテレス『ニコマコス倫理学（下）』高田三郎訳、岩波文庫、一九七三年。
(3)　Bar-On, R. (1997) *The Bar-On Emotional Quotient Inventory (EQ-I) : A test of emotional intelligence*. Toronto, Canada: Multi-Health Systems.
(4)　Bastian, V. A., Burns, N. R., & Nettlebeck, T. (2005) Emotional intelligence predicts life skills, but not as well as personality and cognitive abilities. *Personality and Individual Differences*, **39**, 1135–1145.
(5)　Baumann, N., Kaschel, R., & Kuhl, J. (2007) Affect sensitivity and affect regulation in dealing with positive and negative affect. *Journal of Research in Personality*, **41**, 239–248.
(6)　Brackett, M. A., & Mayer, J. D. (2003) Convergent, discriminant, and incremental validity of competing measures of emotional intelligence. *Personality and Social Psychology Bulletin*, **29**, 1147–1158.
(7)　Brody, N. (2004) What cognitive intelligence is and what emotional intelligence is not. *Psychological Inquiry*, **15**, 234–238.
(8)　Carroll, J. B. (1993) *Human cognitive abilities: A survey of factor-analytic studies*. New York: Cambridge University Press.
(9)　Davidson, R. J. (1998) Affective style and affective disorders: Perspectives from affective neuroscience. *Cognition and Emotion*, **12**, 307–330.
(10)　De Raad, B. (2005) The trait-coverage of emotional intelligence. *Personality and Individual Differences*, **38**, 673–687.
(11)　Dewey, J. (1909) *Moral principles in education*. Boston: Houghton Mifflin.
(12)　Eisenberg, N., & Fabes, R. A. (1992) Emotion, regulation, and the development of social competence. In M. S. Clark (Ed.), *Review of personality and social psychology*. Vol. 14. *Emotion and social behavior*. Newbury Park, CA: Sage. pp. 119–150.
(13)　Evans, D. (2001) *Emotion: The science of sentiment*. New York: Oxford University Press.〔D・エヴァンズ『感情（1冊で

わかる)』遠藤利彦訳、岩波書店、二〇〇五年〕

(14) Freeland, E. M. (2009) *Emotional intelligence and personality: A study of the controversy surrounding emotional intelligence, convergent validity between its measures, and a comparison against personality traits*. Saarbrucken: Vdm Verlag.

(15) Gardner, H. (2006) *Multiple intelligences: New horizons*. New York: Basic Books.

(16) Goleman, D. (1995) *Emotional Intelligence: Why it can matter more than IQ*. New York: Bantam Books. 〔D・ゴールマン『EQ――こころの知能指数』土屋京子訳、講談社、一九九六年〕

(17) Goleman, D. (1998) *Working with emotional intelligence*. New York: Bantam Books.

(18) Goleman, D. (2001) Emotional Intelligence: Issues in paradigm building. In C. Cherniss & D. Goleman (Eds.), *The emotionally intelligent workplace*. San Francisco, CA: Jossey-Bass. pp. 13–26.

(19) Gopnik, A. (2010) *The philosophical baby: What children's minds tell us about truth, love, and the meaning of life*. New York: Farrar, Straus and Giroux.

(20) Grubb, W. L., III & McDaniel, M.A. (2007) The fakability of Bar-On's Emotional Quotient Inventory Short Form: Catch me if you can. *Human Performance*, **20**, 43–59.

(21) Herrnstein, R. J., & Murray, C. (1994) *The bell curve: Intelligence and class structure in American life*. New York: Free Press.

(22) John, O. P., & Gross, J. J. (2004) Healthy and unhealthy emotion regulation: Personality processes, individual differences, and lifespan development. *Journal of Personality*, **72**, 1301–1333.

(23) Koole, S. L. (2009) The psychology of emotion regulation: An integrative review. *Cognition and Emotion*, **23**, 4–41.

(24) Landy, F. J. (2005) Some historical and scientific issues related to research on emotional intelligence. *Journal of Organizational Behavior*, **26**, 411–424.

(25) Matthews, G., Zeidner, M., & Roberts, R. D. (2002) *Emotional Intelligence: Science & Myth*. London: The MIT Press.

(26) Matthews, G., Zeidner, M., & Roberts, R. D. (2007) Measuring emotional intelligence: Promises, pitfalls, solutions? In A. D. Ong & M. H. Van Dulmen (Eds.), *Handbook of methods in positive psychology*. Oxford: Oxford University Press. pp. 189–204.

(27) Matthews, G., Zeidner, M., & Roberts, R. D. (2011) *Emotional intelligence 101*. New York: Springer.

(28) Mayer, J. D. (2001) A field guide to emotional intelligence. In J. Ciarrochi & J. P. Forgas & J. D. Mayer (Eds.), *Emotional*

intelligence in everyday life: A scientific inquiry. New York: Psychology Press. pp. 3–24.

(29) Mayer, J. D., & Salovey, P. (1997) What is emotional intelligence? In P. Salovey & D.J. Sluyter (Eds.), *Emotional development and emotional intelligence: Educational implications*. New York: Basic Books. pp. 3–31.

(30) Mayer, J.D., Salovey, P., & Caruso, D. R. (2000) Competing models of emotional intelligence. In R. J. Sternberg (Ed.), *Handbook of human intelligence*. 2nd ed. New York: Cambridge University Press. pp. 396–420.

(31) Mayer, J. D., Salovey, P., Caruso, D. R., & Sitarenios, G. (2003) Measuring emotional intelligence with the MSCEIT V2.0. *Emotion*, **3**, 97–105.

(32) McCrae, R. R. (2000) Emotional intelligence from the perspective of the Five Factor Model of personality. In R. Bar- On & J.D.A. Parker (Eds.), *The handbook of emotional intelligence*. San Francisco, CA: Jossey Bass. pp. 263–276.

(33) Mikulincer, M., Shaver, P. R., & Pereg, D. (2003) Attachment theory and affect regulation: The dynamics, development, and cognitive consequences of attachment-related strategies. *Motivation and Emotion*, **27**, 77–102.

(34) Oakley, B., Knafo, A., Madhavan, G., & Wilson, D. S. (Eds.) (2011) *Pathological altruism*. New York: Oxford University Press.

(35) Palmer, B., Gignac, G., Manocha, R., & Stough, C. (2005) A psychometric evaluation of the Mayer-Salovey-Caruso Emotional Intelligence Test Version 2.0. *Intelligence*, **33**, 285–305.

(36) Petrides, K. V., Furnham, A., & Mavroveli, S. (2007) Trait emotional intelligence: Moving forward in the field of EI. In G. Matthews, M. Zeidner, & R. D. Roberts (Eds.), *The science of emotional intelligence: Knowns and unknowns*. New York: Oxford University Press. pp. 151–166.

(37) Roberts, R. D., Schulze, R., & MacCann, C. (2008) The measurement of emotional intelligence: A decade of progress? In G. J. Boyle, G. Matthews, & D. H. Saklofske (Eds.), *The Sage handbook of personality theory and assessment*. Vol. 2. *Personality measurement and testing*. Thousand Oaks, CA: Sage Publications. pp. 461–482.

(38) Roberts, R. D., Schulze, R., O・Brien, K., MacCann, C., Reid, J., & Maul, A. (2006) Exploring the validity of the Mayer-Salovey-Caruso Emotional Intelligence Test (MSCEIT) with established emotions measures. *Emotion*, **6**, 663–669.

(39) Salovey, P., & Mayer, J. D. (1990) Emotional Intelligence. *Imagination, Cognition, and Personality*, **9**, 185–211.

(40) Saarni, C. (1999) *The development of emotional competence*. New York: Guilford press.

(41) Scherer, K. R. (2007) Componential emotion theory can inform models of emotional competence. In G. Matthews, M.

Zeidner, & R. Roberts (Eds.), *The science of emotional intelligence: Knowns and unknowns*. New York: Oxford University Press. pp. 101–126.

(42) Seligman, M. E. P., & Csikszentmihalyi, M. (2000) Positive psychology: An introduction. *American Psychologist*, **55**, 5–14.

(43) Solomon, R. C. (2003) *What is an emotion?: Classic and contemporary readings*. 2nd ed. New York: Oxford University Press.

(44) Sternberg, R. J. (1985) *Beyond IQ: A triarchic theory of human intelligence*. New York: Cambridge University Press.

(45) Terracciano, A. Costa, P. T., Jr., & McCrae, R. R. (2006) Personality plasticity after age 30. *Personality and Social Psychology Bulletin*, **32**, 999–1009.

(46) Thompson, R. A. (2011) The emotionate child. In D. Cicchetti & G. I. Roisman (Eds.), *The origins and organization of adaptation and maladaptation: The Minnesota symposia on child psychology*. Vol 36. Hoboken, NJ: John Wiley & Sons. pp. 13–53.

(47) Thorndike, E. L. (1920) Intelligence and its use. *Harper' s Magazine*, **140**, 227–235.

(48) Zahn-Waxler, C., & Radke-Yarrow, M. (1990) The origins of empathic concern. *Motivation and Emotion*, **14**, 107–130.

(49) Zeidner, M., Matthews, G., & Roberts, R. D. (2009) *What we know about emotional intelligence: How it affects learning, work, relationships, and our mental health*. Cambridge, MA: The MIT Press.

(50) Zuckerman, M. (2009) Sensation seeking. In M. R. Leary & R. H. Hoyle (Eds.), *Handbook of individual differences in social behavior*. New York: Guilford Press. pp. 455–465.

第2章

(1) Mayer, J. D., Caruso, D. R., & Salovey, P. (1999) Emotional intelligence meets traditional standards for an intelligence. *Intelligence*, **27**, 267–298.

(2) 表 三貴・繪内利啓・宮前義和「学校生活の質チェックリスト（小学生版）の妥当性と信頼性に関する検討」『香川大学教育実践総合研究』、一六巻、二〇〇八年、二二三–二三二頁。

(3) Salovey, P., & Mayer, J. D. (1990) Emotional intelligence. *Imagination, Cognition and Personality*, **9**, 185–211.

(4) Takahashi, M. (1991) The role of choice in memory as a function of age: Support for a metamemory interpretation of the

self-choice effect. *Psychologia*, **34**, 254–258.

(5) Talmi, D., Schimmack, U., Paterson, T., & Moscovitch, M. (2007) The role of attention and relatedness in emotionally enhanced memory. *Emotion*, **7**, 89–102.

(6) 豊田弘司「学業成績の規定要因における発達的変化」『奈良教育大学教育実践総合センター研究紀要』一七巻、二〇〇八年、一五–二二頁。

(7) 豊田弘司「ＥＩはどのようにして測定するのか？」日本心理学会公開シンポジウム「頭のよさについて考える　ＩＱとＥＩ」二〇一〇年(下記のウェブサイトでスライドが見られます。「心理学ミュージアム 情動知能」〈http://psychmuseum.jp/showroom/joudou.html〉)。

(8) Toyota, H. (2011) Individual differences in emotional intelligence and incidental memory of words. *Japanese Psychological Research*, **53**, 213–220.

(9) Toyota, H. (2011) Effects of incidental memory of affective tone in associated past and future episodes: influence of emotional intelligence. *Perceptual and Motor Skills*, **112**, 322–330.

(10) Toyota, H. (2013) The self-choice effects on memory and individual differences in emotional intelligence. *Japanese Psychological Research, 55, 45–57.*

(11) 豊田弘司・大賀香織・岡村季光「居場所(「安心できる人」)と情動知能が孤独感に及ぼす効果」『奈良教育大学紀要』五六巻、二〇〇七年、四一–四五頁。

(12) 豊田弘司・酒井雅子「高校生用情動スキルとコンピテンス質問紙尺度の開発」『奈良教育大学教育実践総合センター研究紀要』一七巻、二〇〇八年、一一頁–一四頁。

(13) 豊田弘司・桜井裕子「中学生用情動知能尺度の開発」『奈良教育大学教育実践総合センター研究紀要』一六巻、二〇〇七年、一三–一七頁。

(14) 豊田弘司・山本晃輔「日本版ＷＬＥＩＳ(Wong and Law Emotional Intelligence Scale)の作成」『奈良教育大学教育実践総合センター研究紀要』二〇巻、二〇一一年、七–一二頁。

(15) 豊田弘司・吉田真由美「子どもにおける居場所、情動知能及び学校適応」『奈良教育大学教育実践開発研究センター研究紀要』二一巻、二〇一二年、九–一七頁。

(16) Toyota, H., Morita, T., & Takšić, V. (2007) Development of a Japanese version of the emotional skills and competence questionnaire. *Perceptual and Motor Skills*, **105**, 469–476.

（17） Wong, C. S., & Law, K. S. (2002) The effects of leader and follower emotional intelligence on performance and attitude: An exploratory study. *The leadership Quarterly*, **13**, 243–274.

第3章

（1） Clouder, C. (Ed.) (2008) *Social and emotional education: An international analysis, Fundacion Marcelino Botin Report 2008*. Santander: Fundacion Marcelino Botin.

（2） Clouder, C. (Ed.) (2011) *Social and emotional education: An International Analysis, Fundacion Botin Report 2011*. Santander: Fundacion Botin.

（3） D・ゴールマン『EQ――こころの知能指数』土屋京子訳、講談社、一九九六年。

（4） 小泉令三「社会性と情動の学習（SEL）の導入と展開に向けて」『福岡教育大学紀要』五四巻二号、二〇〇五年、一一三－一二一頁。

（5） 小泉令三『社会性と情動の学習〈SEL-8S〉の導入と実践』ミネルヴァ書房、二〇一一年。

（6） 小泉令三・山田洋平『社会性と情動の学習〈SEL-8S〉の進め方――小学校編』ミネルヴァ書房、二〇一一年。

（7） 小泉令三・山田洋平『社会性と情動の学習〈SEL-8S〉の進め方――中学校編』ミネルヴァ書房、二〇一一年。

第4章

（1） 相澤仁「教護院における生活教育的アプローチ――生活場面面接による問題解決学習」生島浩・村松励編『非行臨床の実践』金剛出版、二〇〇五年、一六〇－一八三頁。

（2） 藤岡淳子『非行少年の加害と被害――非行心理臨床の現場から』誠信書房、二〇〇一年。

（3） 濱野昌彦「非行臨床を担う諸機関――少年鑑別所、少年院、保護観察所、児童相談所、児童自立支援施設」『現代のエスプリ』四六一巻、二〇〇五年、一一六－一二九頁。

（4） 池田聡子「発達障害がある子どもへの対人関係スキル・トレーニング」『児童心理』六四巻一五号、二〇一〇年、八七－九二頁。

（5） 松本亜紀・大上渉・友清直子・小泉令三・山田洋平「児童自立支援施設における再犯防止学習プログラムの開発と実践――S

ＥＬ−８Ｄ学習プログラムの実践効果」『日本心理学会第75回大会発表論文集』二〇一一年、三五二頁。
（6）大渕憲一『犯罪心理学——犯罪の原因をどこに求めるのか』培風館、二〇〇六年。
（7）富田拓「児童自立支援施設」『現代のエスプリ』四六二巻、二〇〇六年、一五〇―一五九頁。

第5章

（1）Aber, J. L., Jones, S. M., Brown, J. L., Chaudry, N., & Samples, F. (1998) Resolving conflict creatively: Evaluating the developmental effects of a school-based violence prevention program in neighborhood and classroom context. *Development and Psychopathology*, **10**, 187–213.
（2）Ciarrochi, J., Deane, F. P., & Anderson, S. (2002) Emotional intelligence moderates the relationship between stress and mental health. *Personality and Individual Differences*, **32**, 197–209.
（3）Feshbach, N. D., & Cohen, S. (1988) Training affect comprehension in young children: An experimental evaluation. *Journal of Applied Developmental Psychology*, **9**, 201–210.
（4）Ｊ・マシューズ「情動的知性と知能」小松佐穂子訳、箱田裕司編『現代の認知心理学7　認知の個人差』北大路書房、二〇一一年、二二六―五一頁。
（5）Salovey, P., & Mayer, J. D. (1990) Emotional intelligence. *Imagination, Cognition and Personality*, **9**, 185–211.
（6）Zeidner, M., Matthews, G., & Roberts, R. D. (2009) *What we know about emotional intelligence: How it affects learning, work, relationships, and our mental health*. Cambridge, MA: The MIT Press.

第6章

（1）Brackett, M.A., Mayer, J.D., & Warner, R.M. (2004) Emotional intelligence and its relation to everyday behaviour. *Personality and Individual Differences*, **36**, 1387–1402.
（2）Conduct Problems Prevention Research Group. (1999) Initial impact of the Fast Track prevention trial for conduct problems: II. Classroom effects. Conduct Problems Prevention Research Group. *Journal of Consulting and Clinical Psychology*, **67**, 648–657.

（3） De Raad, B. (2005) The trait-coverage of emotional intelligence. *Personality and Individual Differences*, **38**, 673–687.
（4） Durlak, J. A., Weissberg, R. P., Dymnicki, A. B., Taylor, R. D., & Schellinger, K. B. (2011) The impact of enhancing students· social and emotional learning: A meta-analysis of school-based universal interventions. *Child development*, **82**, 405–432.
（5） Elias, M.J., Zins, J. E., Weissberg, R.P., Frey, K. S., Greenberg, M. T., Haynes, N. M., et al. (1997) *Promoting social and emotional learning: Guidelines for educators*. Alexandria, VA: Association for Supervision and Curriculum Development.〔M・J・イライアス他『社会性と感情の教育――教育者のためのガイドライン39』小泉令三編訳、北大路書房、一九九九年〕
（6） 遠藤利彦『「情の理」論――情動の合理性をめぐる心理学的考究』東京大学出版会、二〇一三年。
（7） Fessler, D.M.T. (2007) From appeasement to conformity: Evolutionary and cultural perspectives on shame, competition, and cooperation. In J.L. Tracy, R.W. Robins, & J.P. Tangney (Eds.), *The self-conscious emotions: Theory and research*. pp. 174–193. New York: Guilford Press.
（8） Freedman, B., Rothentall, L., Donahoe, C., et. al. (1978) A social-behavioral analysis of skill deficits in delinquent and nondelinquent adolescent boys. *Journal of Consulting and Clinical Psychology*, **46**. 1448–1462.
（9） Goleman, D. (1995) *Emotional intelligence*. New York: Bantam Books.〔D・ゴールマン『EQ――こころの知能指数』土屋京子訳、講談社一九九六年〕
（10） Greenberg, M. T., & Kusche, C. A. (1993) *Promoting social and emotional development in deaf children: The PATHS project*. Seattle: University of Washington Press.
（11） Hart, J.L., O· Toole.S.K., Price-Sharpes.J. L., et. al. (2007) The risk and protective factors of violent juvenile offending an examination of gender differences. *Youth Violence and Juvenile Justice*, **5**, 367–384.
（12） 法務総合研究所「研究部報告32　最近の非行少年の特質に関する研究」二〇〇六年。
（13） 石井佑可子・新堂研一「在宅非行少年における社会的スキルの様相――メタ認知、対人的距離化スキルの観点から」『臨床心理学』一一巻、二〇一一年、六五–七六頁。
（14） 磯部美良・堀江健太郎・前田健一「非行少年と一般少年における社会的スキルと親和動機の関係」『カウンセリング研究』三七巻、二〇〇四年、一五–二二頁。
（15） Kruh, I. P., Frick, P. J., & Clements, C. B. (2005) Historical and personality correlates to the violence patterns of juvenile tried as adults. *Criminal Justice and Behavior*, **32**, 69–96.

（16） Mayer (2006) A New Field Guide to Emotional Intelligence. In J. Ciarrochi, J. P. Forgas, & J. D. Mayer (Eds.), *Emotional intelligence in everyday life* (2nd ed). Philadelphia: Psychology Press. pp. 3–26.

（17） Mayer, J. D., & Salovey, P. (1997) What is emotional intelligence? In P. Salovey & D.J. Sluyter (Eds.), *Emotional development and emotional intelligence: Educational implications*. New York: Basic Books. pp. 3–31.

（18） Mayer, J. D., Salovey, P., & Caruso, D. R. (2002) *Mayer-Salovey-Caruso Emotional Intelligence Test (MSCEIT) item booklet*. Toronto, Ontario, Canada: MHS Publishers.

（19） 永房典之「非行抑制機能としての恥意識に関する研究」『社会安全』五二巻、二〇〇四年、一七–三四頁。

（20） 二宮恒夫「虐待・DVの子どものこころへの影響と支援」『四国医誌』二五巻、二〇〇二年、三〇九–三一七頁。

（21） Pollak, S. & Tolley-Schell, S. (2003) Selective attention to facial emotion in physically abused children. *Journal of Abnormal Psychology*, **112**, 323–328.

（22） Riley, H. & Schutte, N.S. (2003) Low emotional intelligence as a predictor of substance use problems. *Journal of Drug Education*, **33**, 391–398.

（23） Rose, N. (2005) *If only: How to turn regret into opportunity*. Harmony.〔ニール・ローズ『後悔を好機に変える――イフ・オンリーの心理学』村田光二訳、ナカニシヤ出版、二〇〇八年〕

（24） 佐藤弥・魚野翔太・松浦直己・十一元三「非行少年における表情認識の問題（顔とコミュニケーション）」『電子情報通信学会技術研究報告　HCS、ヒューマンコミュニケーション基礎』一〇八巻（二三八号）、二〇〇八年、一–六頁。

（25） Tomczak, V. M. (2010) The impact of emotional intelligence on substance abuse and delinquency in a college sample: The comparison of emotional intelligence traits versus abilities (Doctoral dissertation, The University of Alabama).

（26） Trinidad, Unger, Chou & Johnson, (2004) The protective association of emotional intellgence with psychosocial smoking risk factors for adolescents. *Personality and Individual Differences*, **36**, 945–954.

（27） Veneziano, C., & Veneziano. L. (1988) Knowledge of Social Skills among Institutionalized Juvenile Delinquents. An Assessment. *Criminal Justice and Behavior*, **15**, 152–171.

（28） Zeidner, M., Matthews, G., & Roberts, R. D. (2001) Slow down, you move too fast: emotional intelligence remains an" elusive" intelligence. *Emotion* **1**, 265–275.

（29） Zeidner, M., Matthews, G., & Roberts, R.D. (2012) The Emotional Intelligence, Health, and Well-Being Nexus: What Have We Learned and What Have We Missed?. *Applied Psychology: Health and Well-Being*, **4**, 1–30.

第7章

（1） Alexander, G. E., DeLong, M. R., & Strick, P. L. (1986) Parallel organization of functionally segregated circuits linking basal ganglia and cortex. *Annual review of neuroscience*, **9**, 357–381.

（2） Bechara, A., Damasio, A. R., Damasio, H., & Anderson, S. W. (1994) Insensitivity to future consequences following damage to human prefrontal cortex. *Cognition*, **50**, 7–15.

（3） Damasio, H., Grabowski, T., Frank, R., Galaburda, A. M., & Damasio, A. R. (1994) The return of Phineas Gage: Clues about the brain from the skull of a famous patient. *Science*, **264**, 1102–1105.

（4） Harlow, J. M. (1848) Passage of an iron rod through the head. *The Boston Medical and Surgical Journal*, **39**, 389–393.

（5） Izuma, K., Matsumoto, M., Murayama, K., Samejima, K., Sadato, N., & Matsumoto, K. (2010) Neural correlates of cognitive dissonance and choice-induced preference change. *Proceedings of the National Academy of Sciences of the United States of America*, **107**, 22014–22019.

（6） Lhermitte, F. (1983) 'Utilization behaviour' and its relation to lesions of the frontal lobes. *Brain*, **106**, 237–255.

（7） Luria, A. R. (1966) *Higher cortical functions in man*. (Trans. by B. Haigh), New York: Basic books.

（8） Murayama, K., Matsumoto, M., Izuma, K., & Matsumoto, K. (2010) Neural basis of the undermining effect of monetary reward on intrinsic motivation. *Proceedings of the National Academy of Sciences*, **107**, 20911–20916.

（9） Schultz, W. (1998) Predictive reward signal of dopamine neurons. *Journal of Neurophysiology*, **80**, 1–27.

第8章

（1） Davies, M., Stankov, L., & Roberts, R. D. (1998) Emotional intelligence: In search of an elusive construct. *Journal of Personality and Social Psychology*, **75**, 989–1015.

（2） 小松佐穂子・中村知靖・箱田裕司『成人版　表情認知検査』トーヨーフィジカル、二〇〇七年。

（3） Mayer, J. D., & Salovey, P. (1997) What is emotional intelligence? In P. Salovey & D. J. Sluyter (Eds.), *Emotional development and emotional intelligence: Emotional implications*. New York: Basic Books. pp. 3–31.

（4） Mayer, J. D., Salovey, P., & Caruso, D. R.（2002）*The Mayer-Salovey-Caruso Emotional Intelligence Test*（*MSCEIT*）*: User' s manual*. Toronto, Canada: Multi-Health Systems.

（5） Mayer, J. D., Salovey, P., & Caruso, D. R.（2004）Emotional intelligence: Theory, findings, and implications. *Psychological Inquiry*, **15**, 197–215.

（6） Mikolajczak, M., Luminet, O., Leroy, C., & Roy, E.（2007）Psychometric Properties of the Trait Emotional Intelligence Questionnaire: Factor Structure, Reliability, Construct, and Incremental Validity in a French-Speaking Population. *Journal of Personality Assessment*, **88**, 338–353.

（7） Petrides, K. V., & Furnham, A.（2001）Trait emotional intelligence: Psychometric investigation with reference to established trait taxonomies. *European Journal of Personality*, **15**, 425–448.

（8） 中村知靖「表情を利用したコミュニケーション能力の測定」光藤宏行編『コミュニケーションと共同体』九州大学出版会、二〇一二年、一〇五–一一六頁。

第9章

（1） アリストテレス『ニコマコス倫理学（上）』高田三郎訳、岩波文庫、一九七一年。

（2） アリストテレス『ニコマコス倫理学（下）』高田三郎訳、岩波文庫、一九七三年。

（3） Cosmides, L., & Tooby, J.（2000）Evolutionary psychology and the emotions. In M. Lewis & J. M. Haviland-Jones（Eds.）, *Handbook of emotions*. New York: Guilford, pp. 91–115.

（4） Damasio, A. R.（1994）*Descartes' error: Emotion, reason, and the human brain*. New York: Putnam.〔A・ダマシオ『生存する脳』田中三彦訳、講談社、二〇〇〇年〕.

（5） Dunbar, R. I. M.（1996）*Grooming, gossip, and the evolution of language*. Cambridge, MA: Harvard University Press.〔R・ダンバー『ことばの起源——猿の毛づくろい、人のゴシップ』松浦俊輔・服部清美訳、青土社、一九九八年〕

（6） Dunbar, R. I. M.（2010）*How many friends does one person need?* London: Faber and Faber.〔R・ダンバー『友達の数は何人?——ダンバー数とつながりの進化心理学』藤井留美訳、インターシフト・合同出版（発売）、二〇一一年〕

（7） 遠藤利彦『「情の理」論——情動の合理性をめぐる心理学的考究』東京大学出版会、二〇一三年。

（8） 遠藤利彦・佐久間路子・徳田治子・野田淳子『乳幼児のこころ——子育ち・子育ての発達心理学』有斐閣、二〇一一年。

（9）　D・エラスムス『痴愚神礼賛』渡辺一夫・二宮敬訳、中公クラシックス、二〇〇六年。
（10）　Evans, D. (2001) *Emotion: The science of sentiment*. New York: Oxford University Press.〔D・エヴァンズ『一冊でわかる感情』遠藤利彦訳、岩波書店二〇〇五年〕
（11）　Foot, P. (1967) The problem of abortion and the doctrine of the double effect. *Oxford review*, **5**, 5–15.
（12）　Frank, R. H. (1988) *Passions within reason*. New York: Norton.〔R・H・フランク『オデッセウスの鎖——適応プログラムとしての感情』山岸俊男監訳、サイエンス社、一九九五年〕
（13）　Frank, R. H. (2003) Adaptive rationality and the moral emotions. In R. J. Davidson, K. R. Scherer, & H. H. Goldsmith (Eds.), *Handbook of Affective Sciences*. New York: Oxford University Press, pp. 891–896.
（14）　Greene, J. D., Sommmerville, R. B., Nystrom, L. E., Darley, J. M., & Cohen, J. D. (2001) An fMRI investigation of emotional engagement in moral judgement. *Science*, **293**, 2105–2108.
（15）　Guth, W., Schmittberger, L., & Schwarze, B. (1982) An experimental analysis of ultimatum bargaining. *Journal of Economic Behavior and Organization*, **3**, 367–388.
（16）　Haidt, J. (2012) *The righteous mind: Why good people are divided by politics and religion*. New York: Pantheon.〔J・ハイト『社会はなぜ左と右にわかれるのか——対立を超えるための道徳心理学』高橋洋訳、紀伊國屋書店、二〇一四年〕
（17）　Hauser, M. (2006) *Moral minds: How nature designed our universal sense of right and wrong*. New York: Harper Collins.
（18）　Heckman, J. (2013) *Giving kids a fair chance*. Cambridge, MA: MIT Press.
（19）　D・ヒューム『人性論』土岐邦夫・小西嘉四郎訳、中公クラシック、二〇一〇年。
（20）　Izard, C. E. (2001) Emotional intelligence or adaptive emotions? *Emotion*, **1**, 249–257.
（21）　Izard, C. E., Trentacosta, C., King, K., Morgan, J., & Diaz, M. (2007) Emotions, emotionality, and intelligence in the development of adaptive behavior. In G. Matthews, M. Zeidner, & R. Roberts (Eds.), *The science of emotional intelligence: Knowns and unknowns*. New York: Oxford University Press, pp. 127–150.
（22）　I・カント『判断力批判（上）（下）』篠田英雄訳、岩波文庫、一九六四年。
（23）　Keltner, D. (2009) *Born to be good: The science of a meaningful life*. New York: W. W. Norton & Company.
（24）　Kohlberg, L., Charles L., & Alexandra, H. (1983) *Moral stages : A current formulation and a response to critics*. Basel, NY: Karger.〔L・コールバーグ、C・レバイン、A・ヒューアー『道徳性の発達段階——コールバーグ理論をめぐる論争への回答』片瀬一男、高橋征仁訳、新曜社、一九九二年〕

(25) Koole, S. L. (2009) The psychology of emotion regulation: An integrative review. *Cognition and Emotion*, **23**, 4–41.

(26) Kuhl, J. (2000) A functional-design approach to motivation and self-regulation: The dynamics of personality systems interactions. In M. Boekaerts, P. R. Pintrich, & M. Zeidner (Eds.), *Handbook of self-regulation*. San Diego, CA: Academic Press, pp. 111–169.

(27) McCullough, M. E. (2008) *Beyond revenge: The evolution of the forgiveness instinct*. San Francisco: Jossey-Bass.

(28) Moll, J., de Oliveira-Souza, R., & Zahn, R. (2008) The neural basis of moral cognition: Sentiments, concepts, and values. *Annals of the New York Academy of Sciences*, **1124** (The Year in Cognitive Neuroscience, 2008), pp. 161–180.

(29) Music, G. (2011) *Nurturing natures: Attachment and children' s emotional, sociocultural and brain development*. Hove and New York: Psychology Press.

(30) Nesse, R. M. (1990) Evolutionary explanations of emotions. *Human Nature*, **1**, 261–283.

(31) Rothermund, K., Voss, A., & Wentura, D. (2008) Counter-regulation in affective attentional bias: A basic mechanism that warrants flexibility in motivation and emotion. *Emotion*, **8**, 34–46.

(32) Scherer, K. R. (2004) Feelings integrate the central representation of appraisal-driven response organization in emotion. In A. Manstead, N. Frijda, & A. Fischer (Eds.), *Feelings and emotions: The Amsterdam Symposium*. New York: Cambridge University Press, pp. 136–157.

(33) Scherer, K. R. (2007) Componential emotion theory can inform models of emotional competence. In G. Matthews, M. Zeidner, & R. Roberts (Eds.), *The science of emotional intelligence: Knowns and unknowns* (pp. 101–126) New York: Oxford University Press.

(34) Sen, A. (1982) *Choice, Welfare, and Measurement*. Cambridge, MA: MIT Press.

(35) Sigmund, K. (1995) *Games of life: Explorations in ecology, evolution, and behaviour*. New York: Penguin.

(36) Sigmund, K., Fehr, E., & Nowak, M. A. (2002) The economics of fair play. *Scientific American*, **286**, 83–87.

(37) A・スミス『国富論（1）（2）』水田洋・杉山忠平訳、岩波文庫、二〇〇〇年。

(38) A・スミス『道徳感情論（上）（下）』水田洋訳、岩波文庫、二〇〇三年。

(39) Tooby, J., & Cosmides, L. (2008) The evolutionary psychology of the emotions and their relationship to internal regulatory variables. In M. Lewis, J. M. Haviland-Jones, & L. F. Barrett (Eds.), *Handbook of Emotions*. 3rd edition. New York: Guilford Press, pp. 114–137.

■索引

あ行

か行

さ行

■編者紹介

箱田　裕司（はこだ　ゆうじ）
1949年生まれ
1977年　九州大学大学院文学研究科博士課程単位取得退学
1988年　九州大学より博士号取得（文学）
現　在　京都女子大学発達教育学部教授
著　書　『心理学研究法2　認知』2012年　誠信書房（編）、『認知心理学』2010年　有斐閣（共著）、『知性と感性の心理』2000年　福村出版（共著）、他

遠藤　利彦（えんどう　としひこ）
1962年生まれ
1992年　東京大学大学院教育学研究科博士課程単位取得退学
2013年　九州大学より博士号取得（心理学）
現　在　東京大学大学院教育学研究科教授
著訳書　『誠信心理学辞典［新版］』2014年　誠信書房（幹事編集委員）、『よくわかる情動発達』2014年　ミネルヴァ書房（共編著）、『「情の理」論』2013年　東京大学出版会、『アタッチメント障害とその治療』2008年　誠信書房（共監訳）、『愛着理論と精神分析』2008年　誠信書房（共監訳）、他

■執筆者紹介

【第1章】
遠藤　利彦（えんどう　としひこ）
編者紹介参照

【第2章】
豊田　弘司（とよた　ひろし）
1957年生まれ
1983年　大阪教育大学大学院教育学研究科学校教育専攻修士課程修了
1994年　関西学院大学より博士号取得（文学）
現　在　奈良教育大学教授
著　書　『心理学ベーシックライブラリー　5―I　教育心理学I――発達と学習』2011年　サイエンス社（共著）、『教育心理学入門』2003年　小林出版、『記憶を促す精緻化に関する研究』1995年　風間書房

【第3章】

小泉　令三（こいずみ　れいぞう）　第1～3節担当
１９５５年生まれ
１９８７年　広島大学大学院教育学研究科教育心理学専攻修士課程修了
１９９５年　広島大学より博士号取得（心理学）
現　在　福岡教育大学大学院教育学研究科教授
著　書　『子どもの人間関係能力を育てるＳＥＬ－８Ｓ　１　社会性と情動の学習〈ＳＥＬ－８Ｓ〉の導入と実践』２０１１年　ミネルヴァ書房、『子どもの人間関係能力を育てるＳＥＬ－８Ｓ　２　社会性と情動の学習〈ＳＥＬ－８Ｓ〉の進め方　小学校編』２０１１年　ミネルヴァ書房（共著）、『子どもの人間関係能力を育てるＳＥＬ－８Ｓ　３　社会性と情動の学習〈ＳＥＬ－８Ｓ〉の進め方　中学校編』２０１１年　ミネルヴァ書房（共著）、他

山田　洋平（やまだ　ようへい）　第4節担当
１９８２年生まれ
２０１３年　広島大学大学院教育学研究科学習開発専攻博士課程修了
現　在　梅光学院大学子ども学部子ども未来学科講師
著　書　『子どもの人間関係能力を育てるＳＥＬ－８Ｓ　２　社会性と情動の学習〈ＳＥＬ－８Ｓ〉の進め方　小学校編』２０１１年　ミネルヴァ書房（共著）、『子どもの人間関係能力を育てるＳＥＬ－８Ｓ　３　社会性と情動の学習〈ＳＥＬ－８Ｓ〉の進め方　中学校編』２０１１年　ミネルヴァ書房（共著）、『アセス（学級全体と児童生徒個人のアセスメントソフト）の使い方・活かし方』２０１０年　ほんの森出版（分担執筆）、他

【第4章】

大上　渉（おおうえ　わたる）　第1、2節担当
１９７３年生まれ
１９９９年　九州大学大学院文学研究科心理学専攻修士課程修了
現　在　福岡大学人文学部准教授
著　書　『誠信心理学辞典［新版］』２０１４年　誠信書房（分担執筆）、『心理学ＡｔｏＢ』２０１３年　培風館（共著）、『法と心理学』２０１３年　法律文化社（分担執筆）、『心理学――こころと行動のメカニズムを探る』２０１２年　樹村房（共著）

松本　亜紀（まつもと　あき）　第3、4節担当
１９７８年生まれ
２００９年　九州大学大学院人間環境学府行動システム専攻博士課程単位取得退学

現　在　九州大学大学院人間環境学研究院学術研究員

【第5章】
小松　佐穂子（こまつ　さほこ）
1979年生まれ
2009年　九州大学大学院人間環境学府行動システム専攻博士課程修了
現　在　国立精神・神経医療研究センター　精神保健研究所　児童・思春期精神保健研究部　研究員
著　書　『個人の認知差』2011年 北大路書房（分担執筆）、『認知心理学』2010年 有斐閣（分担執筆）

箱田　裕司（はこだ　ゆうじ）
編者紹介参照

【第6章】
石井　佑可子（いしい　ゆかこ）
1980年生まれ
2008年　京都大学大学院教育学研究科博士課程単位取得退学
現　在　藤女子大学文学部文化総合学科専任講師
著　書　『誠信心理学辞典［新版］』2014年（分担執筆）、『よくわかる情動発達』2014年 ミネルヴァ書房（共編著）

高橋　翠（たかはし　みどり）
1986年生まれ
2011年　東京大学大学院教育学研究科総合教育科学専攻修士課程修了
現　在　東京大学大学院教育学研究科博士課程在学中

遠藤　利彦（えんどう　としひこ）
編者紹介参照

【第7章】
松元　健二（まつもと　けんじ）
1966年　生まれ
1996年　京都大学大学院理学研究科霊長類学専攻博士課程修了
現　在　玉川大学脳科学研究所教授
著　書　"*Principles of frontal lobe function*" 2013年 オックスフォード大学出版局（分担執筆）、『イラストレクチャー認知神経科学』2010年 オーム社（分担執筆）、『脳の謎に挑む』2003年 サイエンス社（分担執筆）、他

【第８章】

中村　知靖（なかむら　ともやす）
１９６１年生まれ
１９９３年　東京大学大学院教育学研究科教育心理学専攻博士課程修了
現　在　九州大学大学院人間環境研究院教授
著　書　『誠信心理学辞典［新版］』　２０１４年　誠信書房（幹事編集委員）、『心理統計法への招待』　２００６年　サイエンス社（共著）、『誰も教えてくれなかった因子分析』　２００２年　北大路書房（共著）

小松　佐穂子（こまつ　さほこ）
第５章の執筆者紹介参照

【第９章】

遠藤　利彦（えんどう　としひこ）
編者紹介参照

心理学叢書《しんりがくそうしょ》
本当《ほんとう》のかしこさとは何か――感情知性《かんじょうちせい》(EI)を育《はぐく》む心理学《しんりがく》

2015年2月20日　第1刷発行

監修者　日本心理学会
編　者　箱田裕司
　　　　遠藤利彦
発行者　柴田敏樹

発行所　株式会社　誠信書房
〒112-0012 東京都文京区大塚3-20-6
電話03 (3946) 5666
http://www.seishinshobo.co.jp/

印刷／中央印刷　製本／協栄製本
検印省略　落丁・乱丁本はお取り替えいたします
ISBN978-4-414-31114-3 C1311　Printed in Japan